别人的错都是我的错

斜杠哲学入门指南

[英] 尼格尔·罗杰斯
Nigel Rodgers

麦尔·汤普森
Mel Thompson

著

吴万伟　译

*Philosophers
behaving badly*

湖南人民出版社

目 录

001 前言
002 绪论

009 第一章　让-雅克·卢梭（1712—1778）
　　　　　　——遭受迫害的哲学家

036 第二章　阿瑟·叔本华（1788—1860）
　　　　　　——让人讨厌的菩萨

060 第三章　弗里德里希·尼采（1844—1900）
　　　　　　——病态的超人
　　　　　　特写：尼采和纳粹

093 第四章　伯特兰·罗素（1872—1970）
　　　　　　——研究人类行为的数学家

129 第五章　路德维希·维特根斯坦（1889—1951）
　　　　　　——愤怒的禁欲主义者

157 第六章 马丁·海德格尔（1889—1976）
　　　　　——魔术师，掠夺者，农夫，纳粹分子
　　　　　特写：爱洛伊丝情结

186 第七章 让-保罗·萨特（1905—1980）
　　　　　——魅力无穷，风流倜傥的思想暴君
　　　　　特写：行为糟糕的女哲学家

211 第八章 米歇尔·福科（1926—1984）
　　　　　——疯狂，性，惩罚
　　　　　特写：德米特里厄斯：雅典的哲学家国王

232 后记
235 延伸阅读
244 译名对照表
268 译者的话

前言

我们希望读者明白我们尽了自己最大的努力,一丝不苟地平等对待每个入选的哲学家,认真挑选引用的材料。当然读者不能据此推断本书没有涉及的哲学家们的性格或行为就是正常的。

另外,我们抗拒了诱惑,没有认真区分哪些行为是糟糕的,哪些是愚蠢的,哪些是笨拙的。这样的区分只有在对行为进行道德评价时才有意义,而我们的目的只是介绍智者的愚蠢,保留完整的记忆,避免将其神圣化的尴尬。

不过在这样做的同时,我们认识到健全正直常常被认为是道德高尚的生活的重要特征。因此,在考察这些大哲学家的时候有必要谈到他们的生平和思想贡献的轮廓,因为我们认为他们的糟糕行为与其鼓吹的公正和真实相矛盾。因此本书在介绍八位现代思想家时,将他们的思想和生活背景结合起来。"现代哲学"这个术语一般用来指自笛卡儿以来产生的哲学。当然,古代和中世纪哲学家有很多罪恶或不检点的行为,但是这些已超出了我们考察的范围。

绪论

每种伟大的哲学都是它的创立者的自白,一种秘密的,不情愿的个人传记。

——尼采

思想伟大的人,犯的错误肯定也大。

——海德格尔

2500年以来，哲学家们经常遇到同一个问题：他们的理性思考与课堂之外的生活到底有什么样的关系？被公认为是西方最伟大的哲学家的苏格拉底（柏拉图的老师）就说不动脑筋思考的人就"不配活着"。他劝说雅典大街上的同胞思考他们的生活，以便作出适当的改变。可是他自己的生活很难说是让人感到鼓舞的典范。雅典人最终厌烦了他不断的质问，在公元前399年投票将他处死。

以柏拉图为首的哲学家们看到苏格拉底的可怕命运后，决定退回到书斋中去。柏拉图有意在城外创建了第一个私塾，决心不与政治发生任何关系。在其描绘美好社会蓝图的《理想国》中，柏拉图声称只有哲学家才真正适合当统治者，因为只有他们是完全理性的，能够压抑自己的生理冲动，看到真正的利益所在。《理想国》只是理想，不能指望在地球上实现，但是柏拉图仍忍不住要关心政治。他拜访位于西西里锡拉丘斯的暴君狄奥尼西奥斯不下三次，希望唤醒狄奥尼西奥斯的儿子狄奥尼西奥斯二世的哲学灵感。结果带来了灾难，这个小狄奥尼西奥斯成为操哲学家腔调的暴君。他被赶下台的部分原因就是他不能控制自己的性欲（其父曾有先见之明地警告他远离别人的妻子，他就是不听)。柏拉图脱不了干系,锡拉丘斯也卷入无休止的内战中。此后,大多数哲学家有很长时间和政治脱离关系,雅典法勒罗姆的短暂的独裁者德米特里厄斯是个滑稽的例外。这个哲学家国王的糟糕进一步强化了哲学和政治不能搅和在一起的观点。

哲学家不是正人君子或圣徒,从来没有宣称要过无可挑剔、完美无缺的生活。按理说,只要他们的思想是深刻的,生活上的怪癖不应该自动否定其理论的合理性。不过就算哲学家不是牧师,他们也不能声称完全和自己的作品脱离关系,这点和其他形式的艺术家不同。画家、音乐家和诗人可以在行为上表现得非常糟糕,但同时不影响被称作伟大。事实上,糟糕的行为往往有助于提高他们身后的名誉。诗人拜伦如果一直婚姻美满幸福,不酗酒,不熬夜,不拈花惹草,他的名气就绝不会这么大。毕加索如果忠于第一个妻子,他的名声和引起争议的艺术可能会受到影响。至于被称为"有史以来最伟大的天才"[奥登(W. H. Auden)的说法]的瓦格纳就更典型。这个人专门勾引朋友和恩人的妻子,过骄奢淫逸的生活,像海绵一样吸干任何一位资助他的人。尽管是个狂热的反犹主义先锋,他的资助者中包括崇拜他的犹太人,他的音乐仍然被犹太人音乐家马勒、丹尼尔·巴伦伯英喜爱和演奏。

然而,我们期望哲学家更高贵、更聪明,至少表现出试图按照自己的理论来生活的努力,这个愿望并不是没有道理的。不管怎么定义,"哲学家"的意思是热爱智慧的、聪明绝顶的、不掺和任何利益地追求真理和美德的人。许多哲学家做到了这些：在古希腊，斯多葛学派的芝诺，伊壁鸠鲁学派的创始人伊壁鸠鲁都是标杆式的人物，不仅充满智慧，而且生活无可挑剔。荷兰17世纪哲学家斯宾诺莎和德国18世纪哲学家康德也都是诚实正直、不张扬的人。斯宾诺莎是个隐士，孤独而坚强，其大胆犀利的观点惹恼了当时几乎所有的人。康德生活在宽松的年代，由于喜欢社交，经常定期招待一帮朋友和同事。不过两个人都巧妙地避开进入公众生活的诱惑。虽然都接到名牌大学的邀请，但是他们都更喜欢得到少数同行或学生的称赞或批评而不是有权势者的奉承恭维——用当今的话说，媒体的献媚。

然而，有些哲学家，甚至名气很大的人也抵挡不住名声、权力和性的诱惑——有时候三者一起，但很少有人提到金钱。这些诱惑让他们离开象牙塔，希望用他们的智慧在根本不关心学术的尘世捞上一把。不过他们的表现要么很糟糕，要么很可悲，因为这些哲学家虽然在思想领域简直像神一样威力无比，但是在权力和金钱的世界里就像最可怜的孩子。最可悲、最糟糕的例子就是海德格尔，他在1933年抛弃黑森林的世袭财产，充当新纳粹政权的臭名昭著的宣传者。其独裁者崇拜哲学并没有让他从纳粹那里得到好处，因为纳粹分子像别的独裁者一样需要的不是出类拔萃的怪异天才而是驯服听话的平庸者。海德格尔事实上在专业领域受害不小，他曾在1933年短暂担任弗莱堡大学的校长职务。在第三帝国垮台后的31年里，他从来没有承认过自己的过错。在政治领域的另外一个极端，20世纪中叶许多人眼中的存在主义权威让-保罗·萨特一直是苏联共产主义的同情者，即使在古拉格的罪恶被暴露多年以后仍然如此。

和哲学家的生活格格不入的领域不光有政治。伯特兰·罗素在1913年与怀特海合作完成里程碑式的著作《数学原理》后，感到有义务作为权威对人类所有问题发表看法，尤其是婚姻、儿童教育和性关系方面。他撰写大量文章——估计一天2000字——这些被20世纪早期的进步人士奉为典范。但是他自己的婚姻生活糟糕透顶，根本无法成为别人的榜样。三次大吵大闹的离婚让当事人伤心欲绝，让子女受到极大伤害，可以说把他们的生活彻底给毁掉了。他玩弄女性的风流韵事为他赢得了"哲学上的浪荡子"（Philosophical Rake）或"脏伯迪"的绰号。甚至他的政治观点都捉摸不定。由于带头反对核武器运动名声大噪，更早的时候因反对第一次世界大战而被称为知识分子的良心。但是知道他在20世纪40年代苏联还没有核武器的时候鼓吹对苏联实施先发制人的核打击的人就不多了。

那些对政治和公众生活都不感兴趣的哲学家提出令人信服的新观念，发表观察世界的新观点。几乎被迷惑的追随者试图把这些人当作神仙一般的先知或权威来尊敬。维特根斯坦以他无比的魅力主宰了1930年到1940年剑桥大学的哲学生活，追随者对他佩服得五体投地，甚至模仿他穿衣服的方式。维特根斯坦在生活上故意地清心寡欲，一丝不苟。他拒绝继承巨额家产，避开最基本的舒适生活条件，过一种准修道士的禁欲主义生活。这样的态度无可指责，许多神秘主义者或修行者都拒绝个人关系和财富而专心修道。维特根斯坦从气质上说，显然应该被算作历史上伟大的禁欲主义者。但是在真正的修道行列里，这个自我鞭笞的表现狂应该是上帝的更大荣光，而不是修道士的。

对曾经申请进入修道院被拒绝的维特根斯坦来说,这样的禁欲主义在很多方面让他的个人生活枯燥乏味,没有生机,有时候近于虐待自己。不过禁欲主义帮助他详尽阐述微妙和深刻的思想,远不是他宣称的比喻"向苍蝇显示飞出瓶子的路线",他实际上毁掉了很多学生的生活。让人惊讶的是,拜倒在他这个偶像面前的许多人很少真正成为哲学家。

哲学家如果可能的话,更愿意忽略生活和工作的关系。只要哲学关注认识论问题(认识什么,怎么认识的问题)、逻辑问题、语言问题,可以肯定地说是安全待在学术圈子里的。但是随着伦理学成为最近新的核心问题,哲学又一次从自己的小圈子里冒出来。书籍和电视系列节目把当今的哲学当作自我帮助的指南,就像各种普拉提技巧和减肥饮食法。但是哲学和这些根本不能相提并论,对粗心的人来说哲学是个模糊的、充满危险的领域,绝不是心灵鸡汤或思想鸡汤。

也许没有哪个哲学家比尼采更危险了,尤其是对那些没有准备的人。当然也没有哪个哲学家像他那样受人欢迎、那样时髦。他的名声现在已经超过马克思或所有别的思想家,因为关于他的生活和著作的书像瀑布一样从出版社源源不断地流出来。尼采不仅是哲学家还是心理学家,值得注意的是,他不试图建立理论体系而是个格言警句作家,是个智慧的走钢丝者(借用一个流行的形象),夸耀着推翻法律的桌子。首先,他坚持俯首帖耳,顺应生活的要求,不仅否认违背生活者的犹太教基督教传统,还否认柏拉图、佛教和许多别的传统。他在做这些的时候往往用可以想到的最残酷的方式,但是对能体现他高贵的、超人理想的暴君如恺撒、博尔吉亚却大加赞扬。尼采还故意惹恼他的祖先一直信仰的基督教,把基督教关于性的负面观点贬为垃圾,踩在脚下大肆攻击。

尼采因为很多事情被人诟病,包括成为"纳粹的教父",这样的指控隔一段时间就要出现一次。然而很少有人指控尼采乱交,因为他的性生活几乎是不存在的。他最早的一次认真恋爱——只发展到在脸颊上吻一下,最后遭到侮辱般的拒绝。如果不是因为得梅毒死去的话,人们还可能认为他临死时还是处男呢。

笛卡儿说:"最伟大的人有最高尚的美德,同时也能做最糟糕的坏事。"那些试图从哲学中寻找人生智慧的人应该小心啊,尽管哲学能启迪你的智慧,也能误导你把你引向歧途。哲学家自身的生活要么可恶,要么可悲,甚至彻底疯狂,也许不能说是"不情愿的个人传记",但是我们很难说他们的生活与他们的思想没有任何关系。有时候,正是生活直接影响或形成了他们的思想。

因此,我们有必要先看看这些最伟大的哲学家的生活,探索一下其生活选择如何证实或证伪其思想,然后再接受他们的建议,确定自己的生活道路。

第一章

让-雅克·卢梭(1712—1778)——遭受迫害的哲学家

上帝完美地创造了万物,但人类进来搅和,搞得一团糟。

——卢梭《爱弥尔》

"人生而自由，然而自此处处背负着锁链。"由于号召进行政治的、文化的、社会的革命，卢梭成为法国大革命和其他浪漫革命的导师。卢梭受到激进的雅各宾派如罗伯斯庇尔的尊敬是因为他抨击社会的腐败，提出通过大规模集会的形式表现出来的"公意"的神秘概念。卢梭的影响在他去世后越来越大，对那些欣赏左派或右派独断专行的人来说，他是毋庸置疑的英雄；而对其他人来说，不管是自由派、保守派，还是怀疑派，他都是被诅咒的对象。不过他有个非常有意义，而且不那么引起争议的观点——人的本性是善良的，后来被文明玷污了。这个观点尤其在儿童教育和培养以及更加宽泛的个人责任方面影响巨大。如今每个老师都知道要让学生自由表达思想而不是灌输已经存在的知识或观点，这就是卢梭思想的体现。那些声称自己是社会的受害者，不断提出上诉的罪犯，也在无意识地呼应卢梭的观点——一个自爱的人从本质上说是善良的，只是由于糟糕的环境导致他做了错误的事情。

但是卢梭这个拒绝18世纪或更早期的文明，渴望回到蛮荒状态的革命者，却过着一种远非田园牧歌式的生活。我们没有必要挖掘卢梭生活中的龌龊之事，这些在他自我辩解的自恋式文学经典《忏悔录》中暴露了很多。在坦率和真诚上没有人能超越卢梭，然而，真相并不像他说的那样。那些反对特权，呼吁平等的人看来，卢梭确实巧妙地和权贵阶层保持距离。他常常恩将仇报，恶意攻击资助他、提携他的贵族，特别是女贵族。更糟糕的是，这个宣扬父母教育对孩子成长至关重要的哲学家对待自己的孩子冷酷无情。虽然可以理解一个出身贫贱、没有可依靠资本的年轻人的困难，但是难以接受他连续把5个孩子送到孤儿院，他们大部分不久就死掉了。即使按18世纪的标准来看，这样做也是没心肠的、虚伪的、不可原谅的。

卢梭去世后不久，几乎成了包括贵族在内人人尊崇的人物。不是因为他对哲学的重大贡献，而是因为其影响巨大的小说。卢梭结合了哲学、快乐论，创造出了多愁善感的、过分渲染的、流畅洒脱的文学风格，这种新的"浪漫主义"受到当时人们的普遍欢迎。卢梭作为政治和社会理论家的声誉在19世纪继续提高。由于主张回归自然，反对文明的约束和虚伪，卢梭成为预言家和浪漫主义运动之父。迄今为止这些主张仍然对艺术和思想运动产生重大影响。那些喜欢"天然矿泉水"的人是在不知不觉地对卢梭的观点表示敬意，天然的总是好于人造的，这个观点其实模棱两可，简直就是高层次的多愁善感。（怀疑论者可能问：什么是不自然的水？）但是他的最大影响就是把自己塑造成为无辜受害者，而且逐渐获得别人的认可。这就是卢梭一生扮演的最完美的角色，而他创造的情感革命至今仍然影响着我们。

卢梭1712年6月28日出生于日内瓦。虽然这个城市很小，人口不足一万，但是日内瓦是瑞士联邦中的独立城邦，有卢梭引以为自豪的追求共和理想的加尔文教派传统。虽然到了18世纪,日内瓦实际上由一帮有钱人控制,但是和相邻的其他地方如法国和撒丁国Sardinia专制君主的领地比起来仍然是个相对自由的城市。因此卢梭总觉得在法国是个局外人,无法融入巴黎的都市社会,渴望柏拉图的近乎自给自足的简朴生活。

卢梭的母亲来自非常善于社交的家庭,但是在他出生后不久就去世了,年幼的卢梭由婶婶照顾。卢梭的父亲是个放荡不羁的钟表匠,除了工作外还兼任舞蹈教练补贴家用,后来因为打架伤人担心吃官司就跑到外地去了。只有10岁的卢梭被留给叔叔照料,他叔叔又将他转交给当地牧师朗拜尔西埃和他的妹妹。被漂亮的30岁女人朗拜尔西埃小姐打屁股反而成了卢梭的乐趣,他承认这个经历造成了他一生的性倾向。他后来写道:"即使到了该结婚的年龄,我还是不能摆脱这个奇怪的让我堕落让我发疯的癖好。拜倒在专横的情人裙下,听她的训斥,求她的宽恕,对我来说这是最开心的事情。活泼的想象力越是让我的热血沸腾,就越能感受哼哼唧唧的情人的滋味。"

卢梭一辈子的偏执在手淫幻想中找到了发泄口。这个行为好像在表达小孩子渴望获得关注和爱护的愿望,可能由于他少年时代缺乏母爱。卢梭承认"虽然已经长大成人,但我一直盼望永远是个孩子"。尽管他喜欢由专横的女贵族管教,却不是受虐狂,当然也不能和萨德侯爵相提并论。这个人认为他的人性论观点来自卢梭,认为人天生就是堕落和邪恶的,完全歪曲了卢梭的本意。然而卢梭相信在卧室以外,女人应该像古罗马或古希腊时代的人一样温顺、听话。他从来没有主张女人应当在政治上、社会上获得与男人平等的地位。

卢梭在小时候就读过普鲁塔克的古罗马希腊故事《希腊罗马名人传》，这是他妈妈留给他的书。他宣称"我在12岁成为罗马人"，但是真正让他推崇的其实是原始的"封闭社会"的典范：斯巴达。到了13岁的时候，他中断学业来到一个雕刻工手下当学徒。这种下贱的活儿对他当然没有吸引力，所以三年后他就逃到了日内瓦。按照《忏悔录》中的说法，他的流浪纯粹出于偶然。有个星期天，卢梭在乡下溜达了一整天后打算回家，发现城门已经关上了，只好继续闲逛。越过日内瓦边界不远就是非常华丽的天主教皮埃蒙特公国。因为想得到萨瓦贵族阶层的职位，卢梭没有任何痛苦地就皈依了天主教。不过他得到的却是从前的瑞士新教徒贵族华伦夫人的支持。这个女人决心要"鼓励年轻的男新信徒"。后来卢梭在皮埃蒙特的首都都灵的一个贵族家里当男仆，自己偷了粉红色丝带，却诬陷是另一个仆人玛里恩干的。这个女仆坚决否认，并恳求他良心发现主动坦白，但根本不起作用。卢梭坚持指控是她干的，最后困惑的主人把两人都辞退了。卢梭后来声称"没有什么比我在艰难的时候指控一个可怜的女孩子更可恶的了"。他接着说就是因为喜欢这个姑娘，他才偷丝带准备送给她的。其实，这只不过是为了摆脱尴尬而已。他这种行径——偷了东西拒不承认，不悔过，就算铁证如山，也要强辩三分——伴随他度过一生。

卢梭后来想当牧师，曾进入神学院，最后报名上唱诗班学校，这和他的天赋比较接近。他还当过一个冒牌修道院院长的秘书，这位骗子到处化缘说准备重新修缮耶路撒冷的圣物匣。

还当过假装是苏格兰詹姆斯二世党人贵族的一位阔太太的男伴。尚贝里山上的华伦夫人的家也成了卢梭的天堂，在那里，他度过了一生中最快乐的时光。卢梭称华伦夫人为妈妈，21岁时上了她的床，此后就满足地与这个丰满的"妈妈"生活在一起。在不为夫人服务的时候，他就劲头十足地读书，并进一步开发了自己的音乐才华。卢梭甚至愿意和华伦夫人的老情人分享爱情，在这个人去世后，卢梭心满意足地穿上了情敌的衣服。

1742年，30岁的卢梭最终决定到巴黎闯天下，这个长长的浪漫插曲结束了。一年后，多亏另一个贵族夫人的帮助，他成了法国驻威尼斯大使的秘书。这个大使经常喝得醉醺醺的，忘了给他工钱，但确实为他找过高级妓女，她们乘小船来到他住的地方。威尼斯当时以交际花和赏钱小费著称，但是卢梭对她们望而却步，因为他担心染上梅毒。有一个妓女叫祖丽塔，因为她诉说自己只有一个乳头，曾让卢梭痛哭失声。她感到不好意思，就骗他说："雅克，别再追逐女人了，去认真学习数学吧。"

卢梭1744年终于决定在巴黎向政府讨要自己的薪水。他还希望公演自己写的歌剧，并出版小说形式的音乐注释，用数字代表音符，这是他的发明。遗憾的是，这些都没有成功。虽然多年后他确实得到了部分薪水，但是他对法国对巴黎已经产生怨恨。1745年他在巴黎遇见了塞斯·勒瓦瑟尔，此后尽管关系时好时坏，总算长久。塞斯当时只有18岁，在旅店洗衣房干活。长相很一般，从幸存的画像上看绝对可以说是丑陋，而且不识字，看不懂钟表上的时间，举止粗俗，愚蠢透顶。不过她在敲诈卢梭的时候绝对不傻，只要他身上有钱就能哄到手。那是因为她母亲在一旁教唆，虽然和她一样讨厌，但显然比女儿聪明些。

她究竟有什么魅力把卢梭迷住了呢？除了她高超的做菜技能外，还真不好说。也许正是因为她没有任何魅力的事实激发了卢梭的受虐狂特性。虽然没有证据显示她虐待卢梭，但是她的卑微却减缓了卢梭根深蒂固的自卑感。不管在外面发生了什么，他总能在她面前显示出优越感。他的客人们也都觉得他总是把她当作女仆，一个被当众取笑的女仆。虽然从来没有合法地结婚，他们却一连生了5个孩子，卢梭坚持都抛弃不养。在后来的一封信中卢梭承认"他们生下5个孩子，都被送到了育婴堂，后来也根本没想到要认领，我甚至没有保存他们的出生日期证明。"他为自己的行为辩解，说他不能给予他们应该享受的父爱，送到别的可能更好的地方。但是他却拒绝有钱的崇拜者如德比内夫人和卢森堡公爵夫人帮他抚养孩子。他以真正偏执狂的语调说"我敢肯定他们（他的孩子）长大后会成为憎恨父母，甚至背叛父母的人"。

在后来的几年里，卢梭靠誊写乐谱和为百科全书撰写音乐、政治、经济（后两个领域都是自学的）方面的条目过着缺吃少穿的拮据生活。这个巨大的工程是由主编狄德罗主持的。狄德罗像卢梭一样也是到巴黎闯天下的外省人。最初只是翻译《钱伯斯百科全书》，后来这套书竟然多达34卷，大力传播启蒙运动对科学、社会、政治以及整个人类生活的方方面面的主要观点，成为18世纪智慧的里程碑。由于观点极端，并没有得到法国政府的支持，最后还被禁止出版，后面的有些卷目是秘密印刷的。百科全书的撰稿人面临周期性的监禁威胁。狄德罗本人在1749年因为攻击上帝造人的传统观点被抓了起来。不过这些威胁并不严重，因为这个旧政权里有大量的秘密同情者。通过狄德罗，卢梭认识了其他的撰稿人如伏尔泰、达朗贝尔等，他们被称为"哲人"，这个术语用来指非正式哲学家而且是积极参与政治的知识分子。但是卢梭和这帮人的关系并不融洽，他从来都没有赞同他们的核心观点——如果人们在理性探索精神感召下废除古代的迷信，尤其限制宗教和政治，人性就可以在通往完美的宽广道路上阔步前进。他并不满足于自己的思想仅仅局限在高雅人士的小圈子里，不过如果能够吸引和影响最高知识阶层，他当然高兴。

1750年，卢梭出人意料地一举成名。他参加第戎科学院举办的竞赛"科学和艺术的复兴对道德有净化作用吗？"人们普遍预料的答案是"能"，虽然可能有些补充。但是卢梭大胆地、出人意料地回答说"不能"。他的《论科学和艺术：第一论》赢得一等奖。这次得奖除了因为他打破传统的内容外，还因为他作为杰出作家的优美文笔。卢梭认为文明的进步已经破坏了人们最初的美德。人造的需要（如印刷、蔗糖、家具）"进一步"奴役了人性而不是解放了人性。和启蒙运动的核心观念——相信理性相反，他认为文化发展破坏了人们最初的天真。卢梭天然、纯真的观点并不是独创性的。其他人如狄德罗，已经暗示在真正天然的状态下，人们有不受强迫的对邻居的爱。他们攻击传统的基督教思想，认为人性是带有原罪污点的，只有通过上帝的救赎才能消除。相反，这些哲人认为人性本来是善良的、自由的。现代人的"爱自己"（卢梭的用语）指自爱、自豪、自我提升和超越，努力得到鼓励竞争的社会的认可。因为判断一个人要看他个人努力赢得的社会地位和财富，而不是他继承下来的东西。这和基本上出于自然的与自我保护共生的怜悯心的"爱他人"形成对比。在卢梭看来，文明的最大的过错就是把纯真自然的"爱他人"变成了造成邪恶竞争和社会分裂的"爱自己"。

卢梭热烈支持和称赞18世纪人们对高贵的野蛮人越来越多的敬佩，声称美德的典范要在远离当今堕落的时间或地点才能找到。他在文章的热情的注释里写道："我不敢描述美洲土著人的幸福生活。那里的人连我们经常犯下的罪恶的名字都不知道。他们过着蒙田喜欢的那种朴素自然的生活。这个幸福的景象不仅柏拉图的法律，而且连最完美的管理哲学都不能想象。"但是在现实主义影响下，他从来没有建议18世纪的欧洲应该回到原始森林中去。相反他回顾了古代城市国家，尤其是斯巴达，说那"是半人半神而不是人的共和国，成为在严肃艺术的幌子下给雅典介绍科学虚荣的永久证据"。卢梭称赞被"诱人的、高雅的希腊"腐化之前的早期罗马。卢梭对充满英雄气概的共和国的称赞激励了法国大革命的到来。

尽管赞美朴素、禁欲的共和国，卢梭仍然希望得到官方的认可，希望能在以浮华奢侈闻名，实际上淫逸堕落的路易十五朝廷里谋个差事。这个朝廷由国王最聪明、最动人的情妇蓬皮杜夫人所控制。1752年卢梭的歌剧《乡村卜师》在枫丹白露宫国王面前公演并大获成功。当时所谓的音乐思想的战争"喜歌剧论战"在激烈展开，一方是由上年纪的让·菲利浦·拉摩率领的法国传统歌剧支持者，另一方为主张更自然的、更活泼的意大利歌剧支持者。卢梭站在意大利歌剧支持者一边，在1753年的公开信里激烈攻击拉摩。国王路易十五尽管不能否认法国歌剧，他个人实际上更喜欢卢梭的意大利风格，并给了他补助金。卢梭出于自尊心或害怕尴尬、表现笨拙等原因拒绝接受。后来他说不是因为王室成员在场，而是傲慢的侍从不让他进去。这是可能的，他患膀胱炎，每隔半小时就要去一趟厕所。这对欧洲最豪华的王宫侍臣来说并不是理想的对象。虽然他放弃了成为王室作曲家的一切努力，但是18世纪最伟大的歌剧改革者克里斯多夫·葛鲁克后来说，"我不过做了卢梭本来要做的事，如果他继续搞歌剧而不是写书的话"。

卢梭在尊敬知识分子的国家里开始了鼓吹革命的知识分子的生涯。他宣称讨厌自己描写的豪华宫廷的生活，他在剧本《那喀索斯》（曾经改编成歌剧）中对自己也深陷其中的艺术、科学和文学大肆攻击，结果惨遭失败。靠誊写音乐谱子一页10苏或为百科全书写音乐文章根本赚不到多少钱，不过他很快就找到了支持他的法国大资本家和贵族。他一直认为感激和真正的友谊根本就是两码事，因此他小心翼翼从不显示对赞助者的感激。卢梭对友谊的观点也是不平常的，他只强调友谊带给他的愉快感受，却忽略应该给予对方回报的义务。尽管他唾弃除了免费住宿外的直接资助，塞斯却总是高高兴兴地把崇拜者悄悄塞给他们的钱装进口袋里。卢梭、塞斯和她的母亲住的阁楼虽然狭小,却并不妨碍卢梭成为巴黎沙龙中的宠儿,继而成为世界文学、艺术和科学讨论中引人注目的中心。

1755年,卢梭在百科全书发表了一篇长文《政治经济论》和他被称为"第二论"的《论人类不平等的起源和基础》,企图再次获得大奖。在这篇文章中他描绘了人类孤独生活的第一个阶段,不过和17世纪英国哲学家霍布斯说的"孤独,贫穷,卑污,残忍,短命"完全不一样。卢梭认为早期的人类是社会性的动物,男女随便在林中相会,留下女性单独生育和抚养孩子。这个观点难以让人信服。在考察人类从最早时期的纯真平等到自己所处时代的极端不平等的发展过程中,卢梭软化了早期的原始社会理论,承认艺术和科学并不一定导致社会的堕落,现在之所以有问题是因为社会不平等。不平等的根源是私有财产观念的出现。第一个人圈了一块地,对自己说这是我的。这个人是公民社会的创定者。如果有人拔掉界桩,把它扔到臭水沟里并对大家高声说"别听这个骗子胡说""那人类该免除多少犯罪、战争、谋杀、苦难和恐惧啊"。他控诉道。

卢梭还认为农业生产和金属制品生产的发明是破坏性的,不过他没有时间充分论证这个观点。他说"理性产生以自我为中心的观念,理性引导人们关注自身,逃避所有麻烦和折磨"。在"第二论"结束的时候他大声疾呼,高喊平等,"既然大自然中几乎没有什么不平等,我们可以推断当前的极端不平等现象都是人性进步造成的,通过建立财产和法律使得不平等永久化和合法化。不平等的权利赋予某些人拥有道德优越感,这违反了大自然的公正原则。少数特权阶级狼吞虎咽,过着骄奢淫逸的生活而广大人民群众却得不到温饱"。他现在已经把自己看作原始美德的化身，因为他和别人不一样，已经摆脱了社会的罪恶，重新具有了"善良的本性"。

"第二论"远比田园牧歌式的"第一论"耸人听闻，然而这次没有得奖，让他非常失望。他本来期待那些遭到他无情攻击的赞助者继续支持他，因为第戎科学院是这个组织的成员。他还寄给伏尔泰一份文稿，希望得到他的支持。但是伏尔泰以他典型的尖刻语调回答说，"大作收悉，非常感谢。先生反人类，几无人可敌。大作读毕，读者诸君恐将四肢着地前行。然老朽直立行走凡60年，断难重拾故技，惭愧惭愧"。

由此两人结怨，来来往往的口角不断，1755年卢梭把伏尔泰对里斯本大地震的反应公布于众后，他们的关系进一步恶化。地震发生在星期天上午，因而造成聚集在城市教堂的上万名教徒伤亡。对伏尔泰来说，大自然的灾难说明世界上并没有宽厚仁慈的上帝或天意。虽然大部分哲人名义上是天主教徒，但是他们实际上往往是自然神论者，认为上帝创造了万物后已经与他们脱离关系，虽然可能像钟表匠一样留心看看自己制造的钟表是否滴答运行。卢梭反对这个肤浅的、幸灾乐祸的看法，对伏尔泰的悲观主义尤其觉得可恶。"伏尔泰总是假装相信上帝，可是他除了魔鬼外什么也没有。因为按照伏尔泰的说法，他的上帝是个恶毒的、以破坏为乐的人。"他接着说如果里斯本的居民适当地分散在田野和树林中，地震的时候就不会死这么多人，以此宣扬其新颖的乡村生活主张（伏尔泰在他著名的小说《老实人》中间接作出反应）。两人的怨恨和芥蒂根源于各自的主张：伏尔泰愤世嫉俗，相信文明和理性，卢梭则鼓吹回归自然，强调感情的自由奔放。

卢梭总把自己当作基督徒，一个挑挑拣拣不受任何伦理约束的自作主张的基督徒。他把基督看作早期的受难者，跑在自己前面的先行者。卢梭拒绝原罪的概念，把基督被钉死在十字架上看作与自己不相干的事，因此，他没有必要赎罪。当然也就不难理解他为什么对教派争执从来不感兴趣。后来因为想衣锦还乡，卢梭只好重新皈依加尔文教派以便获得公民身份。1754年，卢梭回到日内瓦却发现故乡并不同情他。他的敌人伏尔泰为了躲避法国政府的迫害，刚刚定居日内瓦，并在那里举办大型的宴会。日内瓦的普通市民与放纵的法国贵族联欢的场面让双方都感到惊讶。

伏尔泰想开办一家戏院上演自己的剧本，但是戏院在清教徒式的共和国里是被禁止的。达朗贝尔在百科全书上撰文呼吁支持伏尔泰开戏院。卢梭此时忘记了他自己曾经作出的努力，高声支持禁止开办剧院，显然是针对伏尔泰这个敌人。他攻击所有的戏剧，指责戏剧内在的轻薄、放肆，尤其是女演员"把观众当情人"导致道德全面的堕落。他说："一般来说，女人不喜欢艺术，不欣赏艺术也没有艺术天才。"神圣的古希腊和古罗马也都禁止女人演戏（当然卢梭并不是把古代世界当作天堂，承认古代的有闲阶级是建立在奴隶劳动的基础上的，这一点往往被人们忽略）。

为了讨好他的家乡，卢梭把《论人类不平等的起源和基础》献给日内瓦，称赞她是"经受锻炼的民主"典范。这个举动证明是个错误，因为城市元老们不是超然的平等主义者，对这本书非常冷淡。一气之下卢梭决定取消回日内瓦的念头，于1756年移居离巴黎只有12英里的蒙特摩伦西附近。因为路途坎坷，拜访者觉得路程很远。这个僻静的住所本来是庞大的蓬皮杜家族的财产，主人高贵典雅的妻子蓬皮杜夫人邀请卢梭住进来，让他使用这里刚刚装修过的宽敞明亮的大房子，里面还有初步的中央供热系统。除了卢梭，住在这里的还有两个管家、塞斯，以及塞斯的妈妈（当时已经80岁，恳求蓬皮杜夫人同意）。卢梭是个骄纵的客人，如果没有得到邀请，连蓬皮杜夫人也不能前来拜访。在退隐乡下的几年中卢梭完成了他最伟大的著作。

第一部是浪漫的、伤感的传奇小说《新爱洛伊丝》（小说的题目有意让人联想起阿伯拉尔和爱洛伊丝的故事）。这部小说完成于当年夏天，部分内容曾读给附近森林中的朋友们听。在瑞士的山中长大的贵族姑娘茱莉心地善良、踏实可靠，爱上了她的家庭教师——年轻、诚实、善良、高雅的青年普乐。茱莉说："我们是天生一对，再没有这么完美的结合了。我们的灵魂也紧紧融合在一起，永不分开。"你瞧，普乐很容易地把充满激情的茱莉追到手。但是她的父亲德埃藤男爵是个势利眼，不准她嫁给平民，而是坚持要她嫁给愤世嫉俗的无神论者贵族瓦尔玛。出人意料的是，茱莉虽然真正爱着的是可敬的青年普乐，却听从父亲的建议和社会规范嫁给了瓦尔玛。普乐后来成了茱莉儿子们的家庭教师。有些读者评论说，茱莉嫌贫爱富嫁给有钱人太虚伪、太不光彩了。其实整本书都成问题，用卢梭的话说就是"性感形象"和"天真色彩"的混合，是乱七八糟的堆砌。

对茱莉怀孕、流产等的夸张描述，长篇大论的哲学思考，加上大段对阿尔卑斯山景色的抒情描写让这本书看起来就不像小说。

《新爱洛伊丝》现在看起来可能荒唐可笑、令人作呕，但是在1761年出版后成为国际畅销书，并一举改变了整个欧洲的生活和时尚。卢梭因此获得了国际性的声誉，虽然刚开始他只说是这本书的编辑。茱莉被看作是女人的理想和典范备受称赞，在不受约束的激情面前而颤抖。卢梭或许后来意识到他写的内容不当，在前言中特别告诫该书不适合天真无邪的年轻人阅读，但实际上被吸引阅读该书的正是这些人。

就在该书出版之前，现实生活中正好发生了书中描写的情景。1757年，卢梭不可救药地爱上了比他小19岁的漂亮可爱的索菲·乌德特托伯爵夫人。她讨厌自己的丈夫，有个专职的情人圣朗贝尔男爵。索菲鼓动卢梭身穿马裤、手拿皮鞭的劝告正好说到卢梭的心坎上，让他十分开心。不过与其说她因为注意到卢梭火辣辣的热情感到开心倒不如说是感动吧，至少是在刚开始的时候。这个常常得病、年纪又大的男人怎么能让她有激情呢。卢梭在《忏悔录》中用他习惯性的、很少在乎是否真实的笔调写道："多么美好和幸福的记忆啊！在那个小树林中，坐在开满鲜花的洋槐树下的草地上，我向她倾诉爱情。那是我有生以来第一次和唯一的一次……我匍匐在她的脚下，吻她，呼唤她。多么醉人的眼泪，多么深情的吻啊，但仅此而已。"当时两人约会的时候根本不避讳，甚至在蓬皮杜夫人的窗户下手挽手并排散步。但是他们之间有多少性的关系是让人怀疑的，因为他描写到达约会地点的时候"虚弱，疲惫不堪，几乎站不起来",暗示他在赴约的路上手淫,这是他的习惯。

卢梭还让不识字的塞斯为他们传递情书,可是有一天被蓬皮杜夫人发觉并看了信的内容。卢梭不仅欺骗长期和他同居的塞斯,还欺骗了自己的女主人,蓬皮杜夫人对他也有浪漫感情的啊。这正是他口口声声抨击贵族社会时说的隐瞒和欺骗。卢梭1757年写"道德信件"时还一再宣扬夫妻忠实的重要性,希望削弱圣朗贝尔对索菲的控制,以便自己乘虚而入。可是当卢梭的情敌圣朗贝尔受重伤回来后,索菲把所有的注意力都倾注在他身上,把卢梭晾在一边。这时候卢梭也失去了蓬皮杜夫人的宠爱。卢梭对待女主人的行为在狄德罗看来是不可原谅的,他们的友谊也宣告终结。不过卢梭很快又找到别的赞助人,搬到卢森堡公爵提供给他的几英里远的小房间里。这位追求平等的哲学家很快就和公爵夫妇成了亲密的朋友,甚至得到他们在巴黎的卢森堡官邸里专门为他预留的房间。卢梭在和贵族密切交往之余集中精力撰写了《爱弥儿:关于教育》(以下简称《爱弥儿》)和《社会契约论》。这两部著作非常重要,但内容大相径庭。

《爱弥儿》一般被认为是小说,实际上是关于教育的著作。幼小的爱弥尔在乡村的孤独环境中长大,远离城市,甚至远离其他孩子,陪伴和照顾他的是个全能的家庭教师(就是伪装的卢梭)。他的兴趣受到尊重和保护,他的实际技能比如木工受到鼓励,但是书籍长期以来都是不允许看的(除了《鲁宾孙漂流记》这本18世纪原始主义者的圣经外),以宗教哲学为最后阶段的知识学习被往后推迟了。这种做法和当时正规教育的过程正好相反。因为当时的孩子在很早的时候就得学教理问答、圣经，如果是男孩子还要学数学、希腊语和拉丁语。虽然爱弥尔摆脱了体罚，但是老师的某些"好心的"羞辱很难说就比施虐狂的体罚更好些。本书企图表明如果能够避免社会的腐化，人类本应该更加天真和聪明。书的开头就是动人的宣言："上帝完美地创造了万物，但人类进来搅和，搞得一团糟。"然而，由于爱弥尔最终还得和社会打交道，他还是慢慢地融入社会中。

对女权主义者来说，《爱弥儿》应该被诅咒，因为20岁的爱弥尔已经可以和自己喜欢的甜蜜女友索菲（对卢梭来说是个引起甜蜜回忆的名字）约会了。在书中索菲成了卢梭的梦中情人。索菲以自己的方式为约会做准备，那就是压制自己的欲望。相对来说，爱弥尔的欲望和冲动不是被压制而是被转移了。在卢梭看来，女性压制自己欲望这个典型的保守主义传统是女性教育最基本的内容。这样的话，女性才能学会服从男人，照顾男人和支持男人。他认为女人是无法掌握抽象的思辨哲学的，这个观点在西方哲学家中并不新鲜。但是体现在爱弥尔身上的激进教育观点成为卢梭思想中最有影响的部分。如今很少有哪个学校不在某种程度上遵循他的思想让孩子依照天性自由发展。

《爱弥儿》中插入了一些也许与主题不相干的内容，也就是著名的"萨瓦人牧师的信条"。在这些段落中，卢梭提出了自己的上帝论。他的至高无上的上帝是没有宗教启示色彩的大自然。神圣性就体现在对自然的崇高冥想中。"我相信上帝是全能的，但是我不向他祈祷。祈祷上帝为我做什么呢？改变自然的规律吗？为我显示奇迹吗？上帝已经给了我力量和勇气，干吗还要祈求已经得到的东西呢？人类的启示只能降低上帝的地位，因为这样做让上帝具有了人的情感。人们用荒唐的矛盾的说法来解释上帝的神秘力量。这样做不仅没有带来世界的和平，反而让人们变得骄傲、残暴、缺乏宽容。"卢梭接着说上帝是最聪明、最可爱的凡人，但是基督徒并不认为耶稣是凡人。这样的"自然宗教"基本上属于泛神论，能够打动人的感情，但是经不起思想的推敲。而斯宾诺莎由于全盘否定新教和天主教从而给自己带来巨大的麻烦。

卢梭最严肃的政治哲学著作《社会契约论》也是在同一时期写的。本书的开头就是他著名的号召："人生而自由，然而他自此处处背负着锁链。任何人都可以认为他是他人的主人，但是他只是比他人更为不自由的奴隶。"接着探讨对自由、平等、博爱的追求，但这三个目标其实是相互矛盾的。社会契约的观点不是卢梭的独创。17世纪思想家们已经探讨过关于社会契约的各种理论：霍布斯非常悲观，他认为人们是要在绝望之中签订契约挽救自己。约翰·洛克比较乐观，认为人们是情愿走到一起来的。所有这些理论都来自旧约中描写的上帝与希伯来人的契约，阅读《圣经》的新教徒（比如乘坐"五月花"号到美洲新大陆的清教徒就签署了自己的契约）和日内瓦加尔文教派都知道的卢梭从早期称赞"高贵的野蛮人"的观点上退缩，承认人性已经达到不应依靠本能生活的高度。相反，人人都应该交出自己天生的自由以换取共和国的更大自由，构成"个人和获得个体所有权力的社会整体的异化"。卢梭想象以此契约为基础建立起来的社会将促进"真正的法律"的诞生。这样的法律和人人都得遵守的18世纪虚假的法律完全不一样。

卢梭虽然反对现行的君主制和英国议会制，比如他说英国人只在选举日享受自由，但是他并没有鼓吹全面的民主，就连在日内瓦这样的小国也没有。卢梭说"在神的国度，民主管理肯定可以，但是这么完美的管理对人来说并不合适"，显然忽视了古代雅典的民主传统。但是当他建议（男性）公民对行政机关准备推行的法律投票表决时，想起了他的理想国，即古代的斯巴达，当然也是柏拉图的理想国。那里作为美德和操行典范的人经过选举进入贵族院，来管理有各样毛病的群众。在议会里，斯巴达平民只能对提交的议案喊叫同意或不同意。叫声最大的就赢得胜利。在卢梭看来这种受到许多限制的直接民主是最好的。但是对于像法国这样的大国，他表现了灵活性，甚至建议实行某种形式的君主制。虽然这种君主制不是像波旁王朝（以及18世纪欧洲别的王室一样）那样的世袭君主制，而是始终体现人民权力的理想的君王。

由于接受每天都在神秘更新的社会契约，人们失去了"天生的自由和想做什么就做什么的权利"。但也因此得到了"公民自由和私有财产的合法权利"，以及自我做主的道德自由，因为"遵守自己制定的法律就是自由"。不过这样一来就出现下面的问题：由千差万别的个人组成的团体怎么能有统一的意志？人们在遵从这个意志的同时怎么还能感到自由不受侵犯？为此卢梭提出假设性的"人民的意志/公意"这个概念，这个公意是大家都赞同的共识，超越任何个人愿望。它"强迫人们享受自由"继而塑造美德。包括杀头在内的法律惩罚将帮助那些受本能欲望支配的人重新回到最初的美德上来。这个观点产生的争议最大，因为它为就像法国大革命表现出来的那样的滥用法律打开了缺口。卢梭的许多概念几乎原封不动地出现在法国革命家拟定的《人权宣言》中。罗伯斯庇尔遵循卢梭的教导认为自由等同于公众美德，认为如公共安全委员会这样自选的公德保护者拥有神圣的权力，利用断头台的新形式处决邪恶分子。

《爱弥儿》和《社会契约论》在1762年出版后，部分因为卢森堡作祟，卢梭突然遭到迫害，这一迫害来自他严厉抨击的宗教和政治势力，两大既得利益集团。法国和日内瓦都禁止出版他的著作，并对他下达了逮捕令。卢梭只得逃离法国，在半独立的瑞士州纳沙特尔避难。他在写给巴黎主教的公开信中为自己的宗教观点辩护，强调"自己是耶稣基督的信徒，不是牧师的信徒"。他重申人性善良的观点，反对原罪的说教，但是这种观点在日内瓦也是被禁止的。为此卢梭还永久放弃了日内瓦国籍。在卢梭避难的村庄里，村民们嫌弃他、讨厌他，往他的房子里扔石头。部分原因可能是他怪里怪气，穿着自己设计的"美国式"袍子走来走去。这个袍子有两个用途：一是取暖，二是方便，因为他的膀胱炎日益严重，经常要撒尿。所有这些都让他的自怜和偏执的心态更加严重。其实和伏尔泰两次被投入监狱的迫害相比，有什么大不了呢？

在附近拥有土地的普鲁士国王弗里德里克二世是典型的开明君主和宗教怀疑论者（伏尔泰从前的朋友），曾经给卢梭提供避难所。但是卢梭最终通过苏格兰哲学家大卫·休谟的帮助在1766年到英国避难。宽宏大量和心地善良的休谟尽一切努力帮助这个越来越偏执的人。卢梭虽然理论上仍有被捕的危险，但在法国声誉日隆——在斯特拉斯堡以纪念他的名义演出的作品《乡村卜师》在巴黎得到更加热烈的吹捧。所以一到伦敦，卢梭就成了英国的名人，收到数不清的邀请，接待络绎不绝的客人。不久塞斯也来了，她是在欲壑难填的詹姆斯·鲍斯威尔（后来写约翰逊博士传记的那位）的哄骗下来到英国的。多亏了休谟，国王乔治三世还打算给主张共和国的哲学家卢梭一笔年金。不过这让卢梭非常尴尬：急需这笔钱，又不想让人知道接受了国王的赏赐。由于优柔寡断、含糊其词，他最终并没有得到皇家的资助。不过在此之前，卢梭在休谟的帮助下弄到位于德比郡的一个乡间别墅沃顿。别墅名义上的租金是每年30英镑，还包括全部的伙食和整套的仆人。

卢梭经常在这里边散步，边搜集植物，欣赏天然美景。当地的士绅如达尔文的祖父出于对这个外国人的好奇也前来拜访。一年来，尽管天气很糟糕，塞斯和卢梭在沃顿的生活还是很幸福。在此期间卢梭开始写《忏悔录》。然而塞斯和这里的仆人开始出现矛盾，不是因为她作为卢梭情人的身份，当时的英国人一般都能接受，而是因为她让人讨厌的行为。最后仆人们开始报复，比如往卢梭的汤里放灰烬。卢梭离开了沃顿，只给可怜的主人留下一封长信，抱怨在此受到的种种虐待。

在此之前，卢梭曾写过一封非常恶毒的信（长达7500字）给休谟，指责休谟这位恩人背叛他、取笑他，虽然对休谟来说这完全是冤枉了他。这件事起源于霍勒斯·沃皮尔编造的挖苦奚落卢梭的信，据说是普鲁士国王写的。卢梭作为哲学家显然没有丁点的幽默感，容易成为人家嘲笑的对象。休谟看到信后非常吃惊，赶紧劝说安慰这个朋友，但是已经不起作用。他们的关系破裂了，休谟为了反击卢梭可能的攻击，发表了他们来往的信件。信件显示出卢梭欺骗和偏执的真相，这又进一步让卢梭产生休谟是他最恶毒的敌人的看法。

当休谟知道卢梭由于畅销书的版税收入，不像他自己描述的那么穷后，尽管非常恼火，还是非常大方地这样描述卢梭："他太敏感了，经不起一丁点的伤害，我简直没有办法说明。他就像一个不仅衣服被扒光，连皮都被扒光了的人，任何粗暴的或不小心的举动都会让他激动地跳起来。"

卢梭在 1767 年 5 月回到法国，有时候得用化名旅行。这时候他几乎和所有知识分子朋友都闹翻了，虽然还有支持他的贵族。孔迪亲王让他在诺曼底的城堡避难一年，但是卢梭觉得周围的仆人都是想把他关进巴士底监狱的间谍或敌人。离开王子后，卢梭终于和塞斯结婚了，可能想以此提高她的地位。不过婚礼由卢梭自己主持，简直就是一场闹剧，因为在法国新教徒和天主教徒是不允许结婚的。后来在宴会上高谈阔论，说客人们能结识他是多么幸运，然后就痛哭失声。可怜的塞斯，只准备了几分钟的婚礼就让她相信他们真的结婚了。

卢梭夫妇在从一个城市逃到另一个城市的颠沛流离过程中，不断遭到当局的刁难，只差被关进监狱了。卢梭的偏执因而越来越严重，就是在这个极端冲动的情况下继续写他最长的作品《忏悔录》。这个标题显然是有意识模仿圣奥古斯丁公元 397 年写的《忏悔录》，但是卢梭写作的目的和这个伟大神学家的并不一样。奥古斯丁的《忏悔录》是写给上帝的，记录他过去的许多罪恶，后来经过上帝的恩赐得以救赎。相反，卢梭的忏悔是写给普通民众的。他的忏悔没有诉说他的救赎之路，因为觉得不需要救赎。相反，他的忏悔表明他是个天真的人，在任何时候都不会害别人而是别人伤害他。在这个冷酷虚伪的世界里，他显得多么脆弱和无辜，那些可恶的人不断折磨他、冤枉他。他毫不隐瞒地说，"我总是认为现在仍然认为自己是最好的人"。

卢梭以尤维纳利斯的"终生追求真理"作为他的座右铭。他说一生中没有做任何对不起别人的事，除了索菲，但是他暗示说两人除了接吻也没有做别的事情。每写完一章后，卢梭就朗读给巴黎的崇拜者听。1770年，法国允许卢梭回国，条件是他不发表任何东西。这个让步让仍在流放、渴望回家的伏尔泰非常气愤。每个朗读时段持续18小时，有些人为他的描写而感动得痛哭失声。但是巴黎有些人警惕起来，担心下一部分煽情的内容会涉及他们，因此不准继续朗读下去。这部具有开拓性意义的《忏悔录》直到1782年才得以出版。作者的多愁善感和自怜自哀，毫不隐瞒的坦率真诚伪装下的推卸责任和开脱辩解成为后来忏悔的模式。"全世界都是有罪的，只有卢梭是无辜的。"

1776年卢梭完成了《卢梭评让-雅克》。书中表达了现在看来非常疯狂的观点，即他的生活正好折射了耶稣的生活。正如耶稣没有皈依犹太教，卢梭也没有成为瑞士人或法国人。两者都受到迫害，都是无辜的。现代人类需要一个拯救者带领他们回到天真和自然的状态去，这个人就是卢梭。由于害怕不能发表，卢梭打算在巴黎圣母院大教堂的高高神坛上存放一本，祈求上帝保佑。后来他失望地发现神坛的大门是紧锁着的，根本打不开。最后他给路过巴黎的从前在沃顿的邻居布鲁克·布斯比一本（布斯比在卢梭死后确实把它出版了）。这时候卢梭变得越来越偏执，他用一张大纸手写了"给所有仍然热爱正义和真理的法国人"的公开信，准备在巴黎的大街上散发。遗憾的是，没有多少人感兴趣。那年10月，卢梭在街上被一条大狗撞倒。奇怪的是，这个意外好像减轻了他的偏执，使他完成了最后的著作《一个孤独的散步者的遐思》。

该书的开头是极端自私者的宣言："这就是我，一个没有兄弟，没有亲戚，没有朋友，没有任何社会关系的孤独者。"这个说法无视陪伴了他30年、忠实而又受到他虐待的塞斯，帮助过他的卢森堡夫妇、孔迪亲王等，以及始终支持他的老朋友如日内瓦的保罗·默顿等。但是不管作者有什么毛病，本书在描写自然美景方面是最出色的，也是在法语中第一次用"romantique"这个词表示浪漫的意思。在卢梭那个时代能写出这么动人的抒情文章确实是极其罕见的。

1778年6月2日，卢梭中风后去世，死在位于巴黎以东30英里的爱尔梅隆维尔的一所房子里，这是另外一个贵族支持者基拉男爵借给他的。卢梭被葬在一个非常浪漫的湖中小岛——圣皮埃尔岛（字面意思是杨树）上，这个岛因为长满杨树而得此名。卢梭之墓很快成了人们前来朝拜的圣地，因为卢梭死后的声誉远远超过了他活着的时候。从前一直蔑视卢梭的王公贵族很快从巴黎来到这里向他表示敬意，其中就包含玛丽·安托尼特王后。当然王后不是来纪念鼓吹革命和宣扬平等的预言家，而是来纪念多愁善感、才华横溢的作家。有个年轻的崇拜者甚至来到岛上自杀，希望被埋在偶像的旁边。法国大革命后，卢梭的世俗著作得到广泛宣扬。1794年10月9日，在音乐家们演奏的卢梭自己创作的音乐声中，卢梭的棺木被挖出来，在隆重的送葬队伍护送下运往巴黎，安葬在法国最伟大的人物集中的地方——先贤祠里。具有讽刺意味的是，卢梭的对面偏偏就是他的敌人伏尔泰。伏尔泰早在1791年革命的自由主义阶段先于他来到这里。两个对手的形象同时出现在革命过程中大概让两人都恼火吧。罗伯斯庇尔在卢梭的安葬仪式上说："他公开抨击专制暴政，他充满激情地赞美上帝。他用细腻动人的文笔描绘了多彩的美德，他教诲人们用自然激发的纯真来战胜罪恶。"

卢梭死后一直备受争议。雪莱在最后的伟大诗篇《人生的胜利》中把卢梭比作但丁的《神曲》中诗人维吉尔（Virgil）的导师。19世纪最著名的浪漫主义诗人拜伦在《恰尔德·哈洛尔德游记》第三部中赞美卢梭为：

他的爱是激情的本质——就像树

由于闪电的袭击燃烧出熊熊的火焰

他激情迸发，因为在他看来

这就是爱，在他身上洋溢着丰富的思想

就像他激情的文字一样

对于卢梭在文学上的影响，那是举世公认的。正如书名所显示的，《新爱洛伊丝》是第一部真正的浪漫主义小说。

后来的哲学家常常谴责卢梭缺乏真正的哲学家应该具备的

基本素质：理性地考察事物的能力和愿望。20世纪由于极权主义盛行，卢梭的名声骤然下跌。以赛亚·伯林把他贬为"第一个好斗的、粗俗的、缺乏教养者"，罗素更进一步从卢梭的专横的"公意"概念得出"希特勒是卢梭思想豢养的结果"。但是20世纪的极权主义有很多的源头，政治预言家卢梭被智慧上更超群的马克思所替代。卢梭对我们当今的意义体现在他预言自然、自然性和不受约束的感情，以及他在《忏悔录》中表现出来的信念——展现一切就是原谅一切。卢梭终于改变了他的态度，因此也带来公认的好处。

卢梭的教育观点，则被公认为是正面的，具有积极意义的。经过改革者裴斯泰洛齐、福禄贝尔和蒙台梭利等的传播，他的教育思想帮助改变了许多世纪以来的摧残孩子心灵的方式，转而鼓励顺乎孩子的天性自然，让他们快乐地成长，虽然有人指责这个钟摆现在有点偏离传统太远了。卢梭以抒情的笔调在《新爱洛伊丝》和《爱弥儿》中描写的在树林、湖边、山间中的神秘的泛神论思想极大地影响了几乎每一代人。华兹华斯写道：

往春天的树林中一瞥

比所有圣人的说教

告诉你更多人类的道德善恶

实际上这是在宣扬卢梭的信念——凝视没有污染的大自然能够陶冶人的情操，这几乎成了19世纪北欧和北美的标准观点。但是卢梭本人的生活却是灾难性的矛盾冲突的混合体。他称赞夫妻之间的爱情，却对陪伴他一生的塞斯冷酷无情，极度蔑视，从来没有正式结婚。他喜欢孩子，却一连抛弃自己的5个孩子。他认为理性的仇恨是最糟糕的，却陷入无休止的思想论战。他谴责印刷业的到来，却撰写大量著作。他憎恶特权和财富，却总是依赖权势和富贵者的支持。他哀叹剧场的堕落，却写了大量的剧本和歌剧。

卢梭是第一个强调感情胜于思想的伟大思想家，是浪漫主义运动的奠基人，虽然在很多方面我们作为继承者已经处于破产的边缘。现在唯一挑战全球工业化进程的环境保护运动部分继承了卢梭的信念——认为大自然陶冶情操，对技术和庞大机构充满怀疑。但是主导卢梭一生的自我欺骗、自怜自怨和偏执应该是我们警惕和抛弃的东西，虽然我们渴望获得这位环保精神宗师的教诲。

第二章

阿瑟·叔本华(1788—1860)——让人讨厌的菩萨

> 人生就是苦难。我已经决定花费一生的时间来理解它。
>
> ——叔本华给克里斯多弗·维兰德的信（1809）

叔本华是与 21 世纪有惊人联系的哲学家。在西方重要思想家中，他第一个没有试图证明上帝对人的态度是正确的，因为他根本就不相信上帝。他是第一个信仰印度教和佛教，是第一批反对西方哲学从柏拉图以来公认的身体和思想二元论的人。这些当然还有别的因素使他让人吃惊地坦率承认性在人类生活中的核心地位。他说，性欲不仅是最热烈的，而且比其他任何别的欲望都更强大。他反对活体解剖，认为人和动物并没有本质上的差别，不像多数人想当然地认为两者根本不同。

叔本华因此与多数西方哲学家形成鲜明对比，他们认为欧洲以外的世界中几乎没有什么哲学。他还有一个优点：文笔清澈透明，诙谐风趣，一般没有哲学术语。他认为这些是艺术最重要的品质，所以他的著作是哲学以外的非专业人士阅读最多的，喜欢其著作的大作家就有托尔斯泰、哈代、康拉德、普鲁斯特、托马斯·曼、贝克特、豪利别克等。托马斯·曼甚至说叔本华作为研究意志的心理学家应该被尊为现代心理学之父，这个观点得到弗洛伊德的赞同。叔本华对人类困境的悲观主义观点甚至超过了弗洛伊德。对于永远面临内心深处的忧虑成为新威胁的现代人来说，叔本华成为发人深省的悲观主义的理想鼓吹者。

叔本华的悲观论调——世界充满无法缓解的痛苦——贯穿于1818年出版的代表作《作为表象和意志的世界》，当时他只有30岁。

如果把玛耶女神的个体原则面纱从男人的眼睛移开，使他不再自私地区分自己和别人，那么自动得出的结论：这样的人既然认识到所有人都是真实和深刻的自己，他肯定也把别人的痛苦当作自己的痛苦。不管哪个痛苦对他来说都不再陌生，举目四望，看到的都是受苦的人类，受苦的动物，一个死去的世界。

在漫长的一生中，叔本华一直坚持自己的根本观点。他在《附录与补遗》中写道："没有什么比说服自己世界是一种罪犯流放地更有用的了，人们真的可以不再用先生或女士称呼男人和女人，而要用受难同胞。"那是1851年他最后的一部作品，基本上是用更简练的文字重复了早先的思想。

这本书出版后不久，叔本华终于赢得了在世的德国最伟大哲学家的应有地位。实际上也是全欧洲最伟大的哲学家。20世纪的时候，他的声望受到部分的影响，尽管这个世纪的战争和别的恐怖事件可以说完全证实了他的悲观论调。不过他的声望受损是因为自身的原因。叔本华不仅是哲学界臭名昭著的厌恶人类者，没有真正的朋友，没有自己的家庭，而且是西方思想史上无人能比的厌恶女人者，不知羞耻，自私自利，比斯克鲁奇（狄更斯小说《圣诞颂歌》中的吝啬鬼）更吝啬脾气更坏的反动派。所有这些让他哲学的光芒暗淡了许多。

叔本华根本没有哲学家的平静心境，相反，他承认自己

"不相信别人，容易发火，喜欢暴力，骄傲自大"。由于这样糟糕的性格，他终身未婚，整个成年时期都过着完全孤独的生活。整天担心被抢被骗，叔本华不相信任何人，首先就怀疑银行捣鬼。他总是要求银行职员把他大笔财产的利息每个星期送到他家里让他数一数。他把成堆的金币藏在自己的地窖中，红利券夹在日记或书中。如果他觉得女管家动了这些，或打扫了他的宝贝，就会劈头盖脸把她臭骂一通。每次去刮脸总是小心翼翼，担心人家突然割断他的喉咙。

叔本华在政治上属于极端右派，他的恐惧不是没有一点道理的。1848年法兰克福爆发的失败的自由革命中，他欢迎政府军进入他的住房以便开枪扫射示威群众。因为他们可能威胁到他非劳动所得的收入。他对社会和政府的看法和霍布斯的悲观论点相似，认为专制政府是必须的，考虑到人类根深蒂固的劣根性，社会改良派改善政治和社会生活的尝试注定是徒劳的。"人类最严重罪恶的根源就是人类自身。人是人的狼，人类活动的特征总的来说是不讲正义，没有公平，没有温情，残暴自私。国家和立法机关就是建立在这个事实基础上的。"蒙田曾赞同亚里士多德的观点，并说"为了孤独的生活，人们必须拥有上帝或野兽的本性"。对于隐士叔本华，野兽占主导地位，他以典型的坦率态度承认：

自然界的表现让我的心肠更加冷酷，因为它让世界互相怀疑，喜怒无常，喜欢暴力和骄傲自大。我从父亲那里继承了连我自己也诅咒的恐惧，用自己全部的意志力量和恐惧作战，但是只有在很少情况下有能力看清可能的或难以想象的灾难。年轻的时候,我一直饱受想象中的疾病和争吵的折磨。在那不勒斯我担心患上天花,在柏林我担心患上霍乱。在维罗纳我整天害怕吃了有毒的东西。晚上不管什么时候有了响声,我就立马跳起来,抓住放在枕头边的匕首或手枪。

叔本华的母亲在他们后来的通信中指出:"待在自己房间中整整两个月不见一个人,这样不好,孩子。"

他对自己评价不高,但他更讨厌别人,尤其是女人:

女人只适合当护士或老师就是因为她们孩子气不退,没有眼光,愚蠢透顶,总之,一辈子都是孩子的货色,是孩子和真正长大的男人之间的过渡性阶段。只有性欲强烈、智慧超群的男人才有资格把发育不良、肩膀窄小、屁股肥大、两腿短小的女人称为弱者。或者更恰当的说法应该是女人缺乏美感,不懂音乐,不懂诗歌,不会用创造性的艺术表达她们真正的感受。

至少在厌女症方面,叔本华是言行一致的。他一生没有结婚,也没有和他具有同等社会地位和智力水平的女人发生恋情——按说他这么聪明,就算有点困难,绝不是不可能的——他更愿意仆人或情妇的陪伴。他对这些人的态度也非常粗暴。他厌恶人类、厌恶女人的特性或许可以解释这些。但是我们得承认叔本华试图提出统一的形而上学的世界观,是最伟大、最极端的西方哲学家。20世纪的分析逻辑学家恰恰忽略了这一点。

叔本华虽然自认为是1804年去世的康德(柏拉图以来最伟大哲学家)的直接继承者,但是他的思想,甚至他的语言让人联想到佛教。最关键的是,他对本体世界(不可知的最终现实)统一性的结论与其说是康德的倒不如说更接近佛教或印度教。

对于康德和佛教来说，现实有两个层次，但是只有一个层次是我们可以感知的。康德区分了感官可以感知的世界和不依赖人的意识而独立存在的本体/自在之物。康德认为我们所感知的内容很大程度上由我们的感官所决定。在时间上或空间上的事物的本来样子是我们看待它们的唯一方式。佛教认为普通的可以感知的实体世界和单个的事物就是传统现实，认为更深层次的个体性是虚幻的。在任何事物之下是虚无，这个虚无是任何事物的核心中不可分割的整体。

和康德不一样，叔本华和东方思想更接近，认为自在世界肯定是个统一的、不加区分的现实，因为如果具备分开的特征的话，就成为表象的一部分。他仿照康德把这个统一的本体称为"物自体"。他自己创造的概念"意志"位于我们生活其中的现象世界之下，但是只有在很特别的情况下才能直接感受到。这个超验的、自由的然而又无法描述的经验可以用梵语的术语总结为"你是它"。

叔本华声称他的结论和印度思想没有关系，然而在他完成其第一本重要著作的时候，在东方学家弗里德里希·梅杰的介绍下阅读过1813年的波斯语版本的《奥义书》的拉丁语译本，虽然和原文有些出入。因此印度的影响不能完全排除。这本著作的题目是《充足理由律的四重根》，他总是喜欢不吸引人的标题。东方思想家声称通过冥想和直接观察认识到的东西，叔本华则通过纯粹理性达到。如果导致这些结论的路线是不同的，对结论的反应肯定也不同。在宇宙观和人类困境出路上的相似性掩盖不了释迦牟尼·乔答摩·悉达多作为佛与叔本华作为人的巨大差异。

佛祖像所有的圣人一样以仁慈和怜悯著称。他将自己的教义包装在他的"四圣谛"（苦、集、灭、道）中：人生来就是要承受痛苦的，痛苦来源于贪得无厌的个人欲望（贪欲），痛苦可以通过湮灭个体和欲望即涅槃而终结。涅槃要通过八正道，位于禁欲主义和自我放纵之间的中庸之道，也就是他说的中道来实现。这是人人都可以追求的境界，不管是男是女，贫穷还是富裕，高贵还是低贱。考虑到公元前5世纪印度严格的种姓等级标准，这个追求解放的道路是非常民主的。佛祖的生平和教诲仍然激励千百万的人。佛教中的一个重要概念是菩萨——一个圣徒般的人物，在涅槃的关键时刻出于怜悯，返回帮助受难的人类走向启蒙。对现实世界的关怀是佛教徒最重要的美德。

但是叔本华却从来没有这样的美德。就像佛祖一样，叔本华看出人类的痛苦来自人人都是个体存在的错误信念。像佛祖一样，他也拒绝整体轮回转世的印度教概念。他也主张超越自私的个人意志来解脱痛苦，而痛苦来自不断追求有别于公意的个人意志。这个超越可以通过接受训练的禁欲主义来实现，也就是杜绝所有世俗的快乐使得虚幻的个人自我或意志消失，达到和本体的统一，有时候就是字面意义上的活活饿死。到此为止基本上都是传统的，虽然叔本华没有具体指出可以遵循的准确的生活准则来达到这个目的（这个本体在西方许多神秘主义者看来就是上帝，叔本华不这样认为）。

对叔本华和许多读者来说独特的、诱人的地方在于通过艺术获得自由的前景："一旦审美观念出现，个人意志就会从意识中完全消失。但是意志是我们所有麻烦和苦难的根源。"

我们一直在追求却总是与我们擦肩而过的宁静一下子自动来到我们身边。这种没有痛苦的状态被伊壁鸠鲁称为最高级的善，是像上帝一样的状态。我们从意志的悲惨压迫下暂时解脱出来，来庆祝意志劳役刑的安息日，伊克西翁（Ixion 因为追求天后被主神宙斯绑在旋转的车轮上受罚）的车轮停下来。

但是，这种顿悟不是每个人都能有幸得到的。任何艺术的最佳作品，任何天才的代表作都必须永远密封起来，让愚蠢的大众根本无法接触。因为大众和这些艺术之间有宽广的鸿沟，就像王子的舞会普通老百姓无缘参加一样。叔本华毫不掩饰的精英主义观点不仅表现了他的势利，而且也是因为叔本华太尊重艺术天才了。"从具体性中发现普遍性正是天才的基本特征，普通人只能通过具体认识具体，只有具体的东西才能让他们感兴趣，才与他们的意志有关系。"而且才华越高，痛苦越大。他说"天才肯定是最痛苦的"。观察本体只是短暂的瞬间，艺术天才很快还要回到炼狱的状态，他们创造艺术作品让别人偶尔得到片刻精神上的安慰。在这点上真正的艺术家就像菩萨，返回来帮助人。

叔本华是个艺术修养很高的人，喜欢从戏剧到绘画的各种艺术。他认为建筑明显低劣一等就是因为它的功利主义色彩。他甚至担心对一碗碗的鲜美多汁的水果的描写使得荷兰乡间生活对人们感官的吸引力太强烈以致激起人们的欲望，破坏必要的超脱。奇怪的是，他对西方艺术中充斥的色情内容，对裸体女性的迷恋却不怎么担心。

叔本华认为音乐不仅是艺术的最高级形式,而且是一个全新的领域。他认为音乐"是真正的宇宙语言,到哪里都可以听懂",是本体意志的直接表达。其他的艺术只是模仿永远位于现象和本体之间过渡阶段的观点的世界(叔本华这里用非常反传统的方式重申了柏拉图理想形式的观点)。但是,"尽管表达思想,音乐却可以独立于现象世界,或者故意忽略现象世界的存在。在某种程度上,音乐即使在没有此界的情况下也仍然能够存在,但是别的艺术形式就不行。因此音乐是思想观点的复制,也是意志本身的复制。这一点和别的艺术形式完全不同"。叔本华实际上预示了其后150年的艺术在西方最聪明、最敏感的人中间的准神圣地位。

然而依靠艺术获得救赎并不能保证启蒙或解放,叔本华本人的糟糕生活就可以说明问题。虽然知道许多哲学家的生活麻烦不断,但是叔本华的行为仍然让我们感到吃惊。我们无法相信表达开明、诚实、智慧的思想家竟然这么自私、忧郁、粗野。他对待女性、对待别人的态度别说哲学家,就是按普通人的标准,都很丢人。这些显然不能用命运不公,或疾病缠身来解释。叔本华有钱,身体也好,朋友很多,年轻的时候还很英俊,情绪好的话,可以口若悬河,滔滔不绝。但是叔本华选择过隐居的生活,没有家庭,很多时候也没有情人。他和母亲的关系非常糟糕,在母亲的最后20年中没有去看望过一次。他几乎没有任何朋友,尤其是在晚年成为自己时间表的奴隶以后。

这个勇猛的智慧先驱在其人生的最后27年中严格按照自己设定的规则生活,刻板严谨简直像罪犯一样。每天早上7点起床,不吃早饭,洗个澡后开始写作(长期忽略的)。到了中午就吹笛子——他吹得特别好但只是自我消遣。他的中午饭非常丰盛,进餐时间很长,总是一个人在法兰克福最好的英国饭店,偶尔和聪明的外国人或军官交谈。饭后到图书馆看报纸,比较喜欢伦敦的《泰晤士报》。接着带他喜欢的一条鬈毛狗散步,这条狗的名字在梵语中是"自我"的意思。散步途中往往是独自一个人,常常自言自语。之后他会独自去看戏或音乐会,然后回家。就好像白天见了太多的人,所以在晚上10点睡觉之前叔本华拒绝所有不速之客。这个固定的作息时间表和他崇拜的英雄康德在表面上非常相似。因为康德每天准时沿着他的家乡哥尼斯堡散步,市民可以根据他出来的时间对表。但是康德是个快乐的、喜欢与人交往的人,固定的习惯让他的思想随着时间的推移、年龄的增长而逐渐发展成熟。相反叔本华的缺乏灵活性是他古板的悲观主义的外在表现形式,这个悲观主义控制了他的生活、他的工作和大量作品。

叔本华厌恶人类和悲观主义的根源应该从他童年和青年时代的创伤中,而不是从他的康德—佛教哲学思想中寻找,他的结论只不过是为他的悲观论调服务。这个悲观论调可能是天生的,部分是遗传的。和许多德国哲学家不一样,叔本华的父亲不是思想高尚的穷牧师而是见多识广、文化修养深厚、非常忧郁的富商。家乡但泽(如今波兰的格但斯克)是当时德国的自由商业城市,由像叔本华的父亲海因利希一样的贵族商人统治。但泽当时受到日益强大的普鲁士的军事扩张的威胁。海因利希崇尚英国的商业和政治自由,因而在1787年带着怀孕的年轻妻子约翰娜来到英国。或许他想定居在英国，或许只是想给未出生的儿子一个英国国籍。但是由于某些原因他改变了主意，这对夫妇踏着北方冬天糟糕的道路迅速返回但泽。1788年2月22日，阿瑟就出生在那里。

阿瑟的妈妈约翰娜是个非常讨厌自己孩子的女人（9年后又生了女儿叫阿黛尔，生活很不幸）。这个情况在当时并不稀奇，因为约翰娜像当时她那个阶层的女性一样，结婚讲究门当户对，并不是嫁给所爱的人。她的丈夫海因利希比她大19岁。约翰娜觉得寂寞孤单是因为大部分时间一个人被困在孤零零的乡间城堡，只有周末的时候海因利希才回来看望她。天生活泼爱交际的她变得忧郁和无聊，对自己的孩子尤其感到讨厌。她后来讽刺地写道，"像所有年轻妈妈一样，我也和自己的新玩具一块儿玩"，但是在孩子成长的任何阶段她都没有得到过快乐。虽然从来没有受过父母的虐待，但是叔本华明显缺乏母爱的背景也许可以解释他为什么一辈子无法给予和接受人间温情。后来他遭受的不管是来自母亲还是来自德国学术界的拒绝或伤害只是加深了童年时代的创伤。

普鲁士1793年吞并但泽后，叔本华一家移居到大城市汉堡。这里也是个自由城市，海因利希生意做得更大，买了豪华的房子。未来的哲学家隐士就在欧洲最富裕的城市中最豪华的家庭里长大。他们家甚至还有巨大的舞厅，他的母亲在这里招待上流社会的达官显贵（包括作家和艺术家，因为她爱好文学）。同时叔本华到富商子弟集中的学校上学，主要学习如何做生意，以便将来继承家业。叔本华虽然刚开始非常满意，但是他渐渐发现学校学的东西远不能让他满意，他还想学拉丁语和希腊语。孩子们学了点拉丁语，对考大学是必要的，但对做生意没有用处。他的父亲仍然希望他继承家业，但是叔本华却提出要在1803年利用法国和英国战争的和平间隙去旅游。

叔本华的父亲狡猾地逼他作出选择：要么陪父母到英国和法国游玩两年然后成为商人，要么安静地呆在家里复习考大学。15岁的叔本华当然选择了前者，尽管为放弃学术研究的光辉前景感到内疚。但是这次旅行让他很开心，他了解了伦敦社会（除了在英国寄宿学校的几个星期的经历外），他还体验了在法国南部登山的快乐，那里优美的风景让他心旷神怡。在土伦的画廊他惊恐地看到6000个俘虏。"我当时只有17岁，深深地为人生的痛苦而悲哀，就像年轻时的佛祖看到疾病与老年，痛苦与死亡。我的结论是创造世界的人不是心地善良的人，而是从人类的痛苦中得到快乐的邪恶分子。"人生的苦难在青春期的叔本华身上已经扎下根了。

不久叔本华一家返回德国北部，等待他的是在会计事务所学习商业的乏味生活。然而父亲的突然去世，可能是自杀（1805年从仓库窗户跳下或摔下致死）让他摆脱了困境。叔本华的父亲海因利希患病的迹象已经有一段时间了，所以他的死并不完全是意外。不过叔本华从来没有承认他父亲是自杀，他在父亲死后才开始觉得父亲很了不起。值得一提的是，叔本华相信人们往往从父亲那儿继承性格，从母亲那儿继承智慧。乍一看好像很奇怪，他母亲的智慧怎么和他自己的智慧相比呢，基因学也根本不支持这个说法。他之所以这样说是因为蔑视母亲的性格，瞧不起她后来展现的文学才华。他认为父亲才是圣徒般贵族的典范，却被轻薄的妻子所忽视（叔本华反对自杀，认为它提供了一个虚假的逃脱人生苦难的前景。虽然为了表现自己惯常的独立性，他指责限制自杀的传统法律）。

  叔本华的母亲约翰娜现在终于摆脱了老迈的丈夫，可以过自己喜欢的生活了。她于1806年卖掉了家族的生意和房子，与叔本华的妹妹阿黛尔一起迁居到小小的独立公国魏玛，这里因为首相歌德的风采而名闻天下。歌德是德国最伟大的诗人、剧作家、文学家、科学家，实际上他在除了哲学的任何方面都是天才。约翰娜不久就和歌德成了好朋友，不过不是情人关系。她还成为魏玛最聪明的女主人，写童话闻名的格林兄弟就是她的座上宾。虽然约翰娜有这样或那样的毛病，非常势利，在艺术上天赋不高，但她绝不是傻瓜，很快便成为知名的诗人和小说家。舒伯特甚至为她的诗谱曲。她的成功对长期得不到承认的儿子更是一种折磨和屈辱。

  故意作对似的，叔本华尽管现在没有了家族企业，最初还是决定遵从先父的遗愿继续在汉堡的会计师事务所学习，这个决定让他更加忧郁。他在这个时候写的诗表现出他的情绪和作为诗人的局限性：

  在暴风雨的夜晚

  我恐惧地惊醒

  听见窗外狂暴的风雨

  但是没有光线，没有微弱的闪亮

能够穿透深深的黑夜

恐惧突然袭来

我感到紧张，孤独和无助。

这些诗句是当时浪漫悲观主义的典型，也是任何时候青春少年的典型，不必当真。其实他的母亲根本没有坚持要求他继续不喜欢的会计学习，反而劝说他放弃。在1807年3月她写信给叔本华说："我非常清楚你多么讨厌自己的学业，从你父亲那里继承的忧郁对你影响是多么深。"在他母亲的鼓励和劝说下，叔本华于1807年5月放弃了在汉堡愁眉苦脸的会计学习，进入离魏玛不远但不在魏玛的文法学校，准备努力考大学。约翰娜尽管不想让儿子仿效他的父亲，却并没有打算和他一起生活。作为魏玛名流云集的沙龙女主人，她最不需要的就是让人尴尬的十多岁的儿子尾随身后。即使歌德在看到女主人满怀忧虑的儿子时，也是惊讶得说不出话来。

叔本华19岁的时候第一次以惊人的智慧力量给他的老师留下深刻印象，以致被老师看作未来的天才。叔本华来到魏玛继续学习，可是母亲并不让他住在家里，而是让他住宿舍。20岁的时候再次遭到母亲的拒绝使他深受伤害。1809年他进入哥廷根大学，起初学医，后来学哲学。他大量阅读柏拉图和康德的著作，对哲学如痴如醉。这时候，他写信给曾经警告他不要学没有用处的课程的好朋友克里斯托夫·维兰德说"人生就是苦难。我已经决定花费一生的时间来了解它"。他一辈子坚持这个判断和决定。同时他大量阅读已经掌握的7种语言的著作——拉丁语、希腊语、法语、英语、西班牙语、意大利语和德语。

不学习的时候，他吹笛子，看戏，听音乐会，和别的学生聊天，给人留下口才伶俐的印象。尽管他已经这么大了，他母亲仍然试图控制来自父亲遗产的收入，这是造成母子不和的另一个原因。她还怀疑儿子的智慧到底能不能成为无利可图的职业哲学家，她还想给他娶媳妇呢，但是叔本华决心已定，非当哲学家不可。

1810年，叔本华在书的空白处写出这样有眼光的话："伊壁鸠鲁是实用哲学的康德，就像康德是思辨哲学的伊壁鸠鲁。"伊壁鸠鲁看不到宇宙中的秩序来指导我们更好地生活，认为人类必须定义自己的善：幸福。同样的，在1804年去世但实际上仍然主导德国哲学的康德认为因果律和价值是从人类经验中获得的，而不是能够在外部世界发现的东西。康德批评超越人类知识的猜想，伊壁鸠鲁则看到一个完全由偶然性控制的世界。康德把人类的创造性角色作为核心，这使他成为欧洲哲学的核心。

但是在普鲁士首都的柏林大学，以费希特和黑格尔为代表的另一代的哲学家提出更加激动人心或更加有争议的观点。叔本华在1811年进入这个大学，"渴望在费希特身上见识真正的哲学家和伟大的精神"。但是他在两方面都非常失望。"躲藏在晦涩难解的论述和语言中是多么无聊和荒唐的啊。费希特是第一个抓住和使用这个特权的人。"叔本华的这句话表达了许多人的心声，这些人对费希特晦涩的哲学感到恼火。黑格尔更糟糕，叔本华说："那个笨拙的让人恶心的江湖骗子，一个恶毒的人完全搅乱和毁掉了整整一代人的思想。"黑格尔在19世纪早期主宰了德国人的思想。

叔本华一生都在攻击这两位思想家，谴责他们的任性和晦涩，谴责他们对当权者献媚，缺乏学术真诚。"费希特和黑格尔在我看来都不是哲学家，因为他们缺乏哲学家的第一个要求，也就是说求索的严肃性和诚实态度。"这样的语言超出正常学术争论的限度，也伤害了他自己的名誉和地位，而且伤害的程度远比他实际的观点更甚。即使到了 1840 年，丹麦皇家协会（当时和德国文化发展关系密切）因为他曾经这样侮辱同时代的杰出思想家而拒绝让他入会。

1812 年德国突然在政治上迎来了动乱的时代。拿破仑率 60 万大军穿过普鲁士进攻俄国。听到拿破仑在俄国冬天的大雪中惨败的消息后，在法国统治下长期忍受屈辱的德国人一下子充满了民族主义的激情。许多年轻人和不那么年轻的人包括肥胖的费希特都陷入爱国主义亢奋中，但叔本华没有。"我来到世间不是用拳头而是头脑为人类服务的，我的祖国比德国更大。"他用优雅独立的态度写道。在 1813 年 5 月他悄悄离开柏林回到魏玛。他有比民族解放战争更重要的事情。"在我的心中有个使命，要研究伦理学和形而上学合而为一的哲学。"

预料之中的是叔本华在魏玛和母亲争吵，之后搬到一个乡村旅馆。那里听不到战场的枪炮声，他开始写《充足理由律的四重根》，这个作品让他得到耶拿大学的博士学位。11 月叔本华给在魏玛的母亲寄了一份。母亲评论说这样一本标题怪怪的书肯定是为药剂师写的。叔本华反驳说他的书肯定会在她的破书被人遗忘的时候继续流行。她甜蜜地回答说希望这些书全部卖光。尽管因为书籍争吵不休，叔本华这时开始了与歌德的交往，虽然短暂但是对他来说却非常重要。

歌德也对德国民族主义的狂热无动于衷。即使拿破仑失败了，歌德还是崇拜他，继续佩戴法国皇帝给他的荣誉勋章。由于被拍马屁者包围，歌德感觉到这个年轻的博士有特别的智慧和独立的思想。他尤其希望叔本华能支持他关于颜色主观性的新潮观点。这个伟大的博学者感到受了伤害，当他看到人们恶意忽视他驳斥牛顿的光学标准理论的颜色理论。叔本华自己关于经验主观性的观点和歌德的观点比较接近，因此对歌德深表同情。在1813至1814年的冬天他们两个除了在沙龙聊天之外，还进行长时间的谈话，话题除了颜色理论还有更广泛的内容。叔本华5月离开魏玛的时候，歌德还写了句聪明的临别赠言："如果你希望在生活中找到快乐，你必须给予世界存在的价值。"他们继续书信来往了18个月，但是当叔本华意识到歌德只是把他看作颜色理论的宣传者后，他们的友谊冷却了。实际上，叔本华在很多方面都和歌德看法不同，比如在《论视力和颜色》文章中总结出来的那样。歌德后来称叔本华是个"总是判断错误的、不容易了解的、值得关注的年轻人"。这个评价比多数人对叔本华的看法都友好。这是叔本华一生中唯一一次与智慧相当的人结成的友谊。从那以后，他就独自一人思考，写作了。

1814年5月，叔本华又一次也是最后一次和母亲吵架。约翰娜讨厌他到家里去，哪怕是作为客人，坚持要求他到别的地方找个宿舍居住，不要打搅她自己的生活。嫉妒的儿子怀疑母亲可能有情人。此外，他们还因为财产争吵。叔本华搬到了德累斯顿，和家人断绝了关系。他几乎成了隐士，尽管有戏院和音乐会。现在他已经20多岁,生活方式基本定型,他成了一个几乎没有朋友的怪人,他那光彩照人但是尖酸刻薄的智慧有时候让人羡慕,更多时候让人害怕,但是他从来没有被人喜欢过。

同时由于阅读《奥义书》,叔本华的观点进一步得到强化,他继续奋发写他的代表作《作为表象和意志的世界》。"Vorstellung"这个词一般被翻译成表象,在德语里也有剧本或歌剧表演的意思,在翻译中失去了模糊的意味,叔本华认为印度的概念(maya)"幻想的面纱"和他的表象相当。而他的概念"意志"和"梵天"相当,"所有生物都依赖它而出生,依赖它而生活,伴随它直到死亡,直到他们加快步伐"。佛教和印度教中特别吸引人的地方是没有创造者上帝。但是他的途径基本上还是康德式的,采用的是西方哲学的途径和语言。

叔本华坦率指出自己著作的价值,没有丝毫虚伪的谦虚。他对出版商埃伯哈特说,"我的著作是个全新的哲学体系,以前从来没有进入过任何人头脑的最高级别的思想"。有趣的是这个人也出版他母亲约翰娜的书。1818年12月,他的代表作终于出版了。正如后来的维特根斯坦一样,叔本华相信已经解决了所有伟大的哲学问题,所以潇洒地前往意大利旅游。意大利之行让他放松,但并没有让他兴奋。他的情绪像多数北方人到了南方的天空下,马上就开朗了许多。1819年返回的时候满心期待如潮的称赞和喝彩,或者最起码是严肃的批评。但是他什么也没有得到。在问及卖出了多少本的时候,得到的回答是一本也没有卖出去。叔本华后来的人生中多次领教了这种对他完全的漠视,这首先让他震惊,接着让他愤怒。

主要是为了宣传自己的主张，叔本华开始在柏林教书，他之所以选择柏林是因为他的仇敌黑格尔已经在那里成为德国哲学的超级明星，主张普鲁士的崛起是上帝的意志和历史的必然。叔本华决心批驳这些在他看来胡说八道的东西，结果以丢人的彻底失败而告终。其中主要的原因是他坚持在黑格尔上课的同一时间段上课（他的引起争议的印度无神论可能让这个受压抑出名的城市的学生感到惊慌。黑格尔则非常殷切地渴望普鲁士的崛起，以致有人开玩笑说他穿着军装讲课，就算这样，黑格尔也得面临人家指责他反对基督教的问题）。毫不奇怪的是，叔本华的课堂上几乎总是没有人。孤僻的自尊心让他拒绝改变上课时间，也使他在1827年失掉了在海德堡和维尔茨堡大学任教的机会。巴伐利亚驻柏林代表在推荐申请的回信中说了让人难堪的话："叔本华在这里不管是作为学者还是作为教师名声都不好。"

1821年，叔本华在柏林爱上了一个只有19岁的女演员和歌手卡罗琳·利希特。他们相爱了，但是她同时还有好几个情人。卡罗琳在1822年生了孩子，叔本华得知自己不是小孩的父亲后非常嫉妒。可能是肺结核引起的胸部疼痛迫使卡罗琳放弃在国家戏剧院的角色，也几乎让叔本华离开了她。在此之前叔本华已经与一个据说得了肺结核的意大利妇女分手。不过卡罗琳好像比任何别的女人对他都好，一段时间后叔本华甚至考虑和她结婚，虽然她在智慧和社会地位上根本配不上他。但是后来叔本华对卡罗琳的行为绝非君子所为。在1831年由于担心霍乱流行逃离柏林的时候——这场流行病让黑格尔丧生——他想让卡罗琳与他一起逃，却要求把孩子留下。卡罗琳自然坚决拒绝，叔本华独自一个人迁往法兰克福，以后再也没见过她，虽然在他的遗嘱里确实还记得她。

1818年，在德累斯顿叔本华有过一个私生女。在他第一次意大利旅行之前为了找人照顾这个小孩，他还曾找自己的妹妹阿黛尔帮忙，在此之前他很少留意过这个妹妹。当时阿黛尔还是个21岁的姑娘，对这个要求感到震惊，只答应给小孩的母亲送钱。不久小孩去世让他少了很多的烦恼。虽然叔本华好像缺乏做父亲的冲动，但他至少有和正常男人一样的性欲。但是正如他承认和厌恶的，他异乎寻常的冷酷，缺乏性的吸引力。后来他承认年轻的时候，"我非常喜欢女人——如果她们愿意和我交往的话"。路德维西·鲁尔画的叔本华在20多岁时的著名肖像画显示他性感的红嘴唇，丰满突出的白色前额。总体上很耐看，甚至很英俊，但是在实际生活中他不能给女人留下好印象。1813年，在魏玛他疯狂地爱上了魏玛公爵的情人卡洛琳，意料之中的是，这纯粹是徒劳的，人家根本看不上他。这个在多数人看来根本不值一提的冷落或挫折让叔本华忧郁孤独的性格进一步加剧。

然而叔本华头脑清醒，令人钦佩。他是自柏拉图以来第一个认为性在生活中有绝对重要性的哲学家，但是他认为性是致命的个人意志的最强有力的表现，而不是发现理想美女的跳板。

性欲望是非常重要的，没有任何别的快乐能够弥补性欲望被剥夺的空缺。而且由于性的原因，动物和人进行各种各样的风险和冲突。可以说，男人就是性冲动的具体表现，他的根源就是性交行为，他的欲望就是性交行为，这个冲动本身永恒存在，是他的现象表现。

他进一步预先指出了弗洛伊德的性社会学普遍存在论，他说："性是最大的不可提及的事情，在哪里都不可以说的公开的秘密，但它总在所有人心中的某个地方。即使最不经意的点拨就能马上明白。"但是他对性的态度基本上是负面的。"当你开下流的玩笑时，瞧瞧你自己身体受到的诱惑吧，它肯定让你原形毕露。"

对人类永远关心的另外一项内容——金钱，叔本华既不慷慨大方也不是不感兴趣。1819年，在但泽银行倒闭的关头，他的母亲和妹妹几乎把所有的钱都存在那里，他的钱只有三分之一存在那里。叔本华在意大利得到这个消息，即刻要求理清账目关系。人家答应返还叔本华一家财产的三分之一。最初提出和母亲、妹妹"分配留给他的一份"，但叔本华要求马上得到自己份额的70%现款。他这样冒着破坏整个解决方案的风险，可能导致母亲和妹妹一分钱也得不到，但是他就这么干。打了两年的官司，叔本华终于得到他应得的一份，而他的母亲和妹妹只追回了原来存款的四分之一。他的固执最终导致他和妹妹关系的决裂，本来叔本华的妹妹就为他和母亲关系紧张而苦恼不堪。

1821年8月，叔本华在柏林与裁缝卡洛琳·玛桂特的长期争执进一步表明了他的小气。叔本华抱怨她和她的朋友在他房间外太吵闹，他或许在等待情人卡洛琳·利希特的到来，尤其需要安静（像所有音乐人一样，叔本华对噪声特别敏感）。47

岁的玛桂特说在随后的争吵中，她被33岁的叔本华摔下楼梯，受了重伤再也无法做生意了。叔本华矢口否认。这个官司连续打了五年，曾经有段时间他在柏林的所有财产都被法院扣押。叔本华最终被判有罪，被迫在她的余生支付每年60泰勒（19世纪银币），对他来说是一笔小数目，但对她来说相当可观了。在1852年他听说她去世的消息时，只是写了句"老太太死了，债务了结了。"

叔本华的声名鹊起，虽然可能来得晚了些，部分因为德国1848年革命失败后弥漫的幻灭情绪，让这个绝望和忧虑的哲学家比黑格尔更容易吸引人们的目光。1853年，英国的《西敏寺评论》（乔治·艾略特主编）发表了对叔本华《附录与补遗》（他的最后一本书，针对普通读者的小书）的评论，对叔本华大加赞美，称赞他是天才。这篇热情洋溢的文章在柏林大报重新发表后抬高了他在德国仍然被忽视的名声。1854年，瓦格纳读了叔本华的书后，很快把他看作导师甚至权威。这个作曲家在叔本华的否认意志的观点中，发现了他自己朦胧模糊的观点和追求目标。瓦格纳给哲学家寄上一本《歌剧院现场欣赏》[多数人觉得这个礼物不合叔本华的胃口，因为他喜欢的是莫扎特、贝多芬、罗西尼（意大利作曲家），而不是德国浪漫派歌剧。没有瓦格纳本人和激情音乐的出现，光看歌词肯定很乏味]。但是瓦格纳的色情代表作《特里斯坦与伊索尔德》，里面无法满足的欲望呼唤，男女主人公不可阻挡的 Liebestod（爱之死），实际在音乐上表现了叔本华哲学的核心。瓦格纳在发现叔本华之后不久创作这个作品，因此开始德国剧烈而危险的音乐和哲学的融合，他自己也下力气来宣传这个哲学家的名字。

波恩大学和耶拿大学开始开设叔本华哲学课程，法国和意大利也发表了对他的评论，生日的时候能收到大量陌生人的来信。这个总说有一天人们会发现他的价值的人开始享受迟来的荣誉，有人甚至看见他对别人有笑脸了。但是这个情形没有持续很长时间。1860年，叔本华突然死于心脏病，不过他的声誉不仅没有削弱，反而越来越大，对后来的哲学家和作家产生了深远的影响。尼采与瓦格纳（尼采孤独的生活中最伟大的朋友）结下深厚友谊，就是因为他们共同的崇拜对象都是叔本华。正如尼采承认的，他的犀利、简洁的文笔归功于这个先驱，尽管他的成熟的哲学几乎完全颠覆了叔本华的悲观主义。对于维特根斯坦来说，叔本华同样十分重要。他的第一部重要著作《逻辑哲学论》中开头的一些思想呼应了叔本华的观点，简直就像对叔本华思想隐秘的复述。

对现代读者来说，叔本华简练的著作更有吸引力，而更系统更浮夸的西方哲学家就做不到。他承认性欲在人们生活中的决定性作用，他对佛教的研究使其作品成为东西方思想的桥梁。更有意义的是，他强调艺术和审美欣赏作为摆脱个人苦难的途径，都是至今仍然得到认可的。19世纪末期的法国颓废艺术家如尤尔·拉福格、比利哀·德·利拉丹从他的著作中得到灵感和快乐，好像为他们的为艺术而艺术、从庸俗的世界退缩的主张提供了哲学合理性。马赛尔·普鲁斯特也受到叔本华的影响，强调审美冥想的重要性，这个影响不仅体现在他的小说中而且体现在他的生活中。从病床上下来拖着痛苦的身躯去看维米尔绘画展览，这个伟大小说家在这些微小卓越的圆布前几乎超验的经验好像证明了叔本华的信念：至少对合适的人来说，艺术如果不能消除，至少能减轻人类的痛苦。博物馆从来没有这么繁忙过，这个高级的审美体验仍然是很有诱惑力的。

不过问题仍然存在：叔本华自己失败的人生是否表明他的哲学和他的人生的根本错误？理论上应该不是，但是如果不能够克服对人类的强烈厌恶和仇恨的话，单单鼓吹通过审美冥想达到无私超脱是没有多少用处的。叔本华就像西方的一位菩萨，其思想远远没有被光彩地展现出来，相反整个一生都表现出让人吃惊的以自我为中心、忧郁寡欢和心胸狭窄。

第三章

弗里德里希·尼采(1844—1900)
——病态的超人

> 最有思想的人经历最大的悲剧：
> 也正因为如此他们歌唱生活，
> 因为灾难给了他们认识生活的最强大武器。
>
> ——弗里德里希·尼采《偶像的黄昏》

阅读尼采的著作可能是醉人的、兴奋的。读者兴奋的程度高得让人发出健康警告:"在读尼采的时候,不要试图开车、思考,或者操作机器。"无政府主义者、纳粹分子、弗洛伊德主义者、存在主义者、后现代主义者、新异教徒、越轨的理发师、足球运动员、女权主义者、厌女者,甚至哲学家都陶醉在他最著名的书《查拉图斯特拉如是说》的兴奋中,陶醉于喷射出来的让人惊骇的夸张言辞。他敏锐地警告说,"首先,不要把我和别人混淆了"。不过要分清哪些是尼采的观点,哪些是他的夸张的修辞不是容易的事:

小心,我是闪电先知,这个闪电叫作超人,所有的神都死了,现在我们希望超人活下来。让他成为我们在全盛期的最后一个愿望。生活是快乐的源泉,但是暴民也来喝,所以成了毒药。

所有的快乐都渴望万物的永恒,渴望蜂蜜,也渴望糟粕,想激动人心的午夜,也想坟墓边眼泪的安慰,想金色夕阳。

我们在未来的树上建造我们的鸟巢,雄鹰应该用它们的喙带给我们食物。这是真正的食物,肮脏的人不来分享,他们以为在吃火,怕烧伤他们的嘴。

没有哪个哲学家用这样超然的笔调写文章——尼采自我任

命为陶醉和狂喜的酒种狄奥尼索斯先知。也有些人被他的轰炸吓得连连后退，更喜欢他温和的格言警句式的书：

无所事事是所有心理学的开始。

人类是上帝的错误吗？抑或上帝是人类的错误？

在忧郁的情形中保持开心快乐绝不是无足轻重的艺术。

佛教没有任何许诺但是说话算数，基督教许诺了一千个，但是一个也没有兑现。

除了尼采，没有哪个哲学家这样写文章。但是尼采是最受人欢迎的哲学家之一，他的著作也是被最广泛阅读的。叶芝、萧伯纳、里尔克、劳伦斯、斯特林堡、加缪、约翰·班维尔、施特劳斯和古斯塔夫·马勒都是受到他巨大影响的著名非哲学界人士。他对后代哲学家的影响主要体现在他们对他大肆攻击的时候。

尼采作品的最大特点就是清澈明晰，后来他的文笔变得更为简练。他的思想呈现出山一样的锋利和清晰，这和他长年生活在阿尔卑斯山内或山南不无关系。在1888年10月他发疯前的最后一个生日，尼采只收到一张生日卡片。但是在孤独和流放中，尼采得到了智慧的大发展，他大胆宣称上帝已死。他不是第一个无神论者，但是他清醒意识到没有上帝对人类的道德意味着什么，这是许多人至今仍然不清楚的地方。尼采"重新评价所有价值"的呼吁至今仍然发人深思。他指的所有价值，不光重新定义两性关系、种族关系、阶级关系，而且需要超人来重建没有上帝的世界中人生的意义。

曾经是尼采的偶像和朋友后来反目成仇的瓦格纳，总是说他在写未来的音乐,尼采则是试图要写未来的哲学《善恶的彼岸》。尼采讨厌完整的哲学体系,他的著作基本上是格言警句,撕开他敏锐捕捉到的、看到的文化上、道德上,还有智慧上的发展趋势展现在公众面前。他尤其关注20世纪的独裁者和煽动家不断用来谋取利益的公众的受害者意识。然而作为极端的个人主义者,尼采蔑视群众运动,其名作《查拉图斯特拉如是说》的副标题就是"一本让人人都看,人人都不看的书"。

充满智慧的哲学世界的另一个特点是:尼采本人的生活完美地体现了自己的思想,这是空前绝后的。他说"我只喜爱用血写成的作品。用血来写,你就会发现血就是精神"。当他扔掉独立于超验世界的每一个人类价值的时候,实际上处在发高烧似的亢奋和激动中。尼采抛弃了一切,不仅康德、叔本华的理想主义,而且是整个基督教、柏拉图主义传统、两千年西方文化的基石,所造成的可怕的空白需要通过重新评估所有价值后来填充,不过这个任务到他轰然倒下的时候还没有完成。

尼采的来往信函表明这个努力耗尽了他的全部精力。但是对于读者,尼采是引人入胜的,让人大开眼界的,甚至是迷人的。就在他不断爬上更高的思想山峰、奚落所有的安全道路时,我们必须跟在他后面艰难攀登,试图忽视两边掉下来砸向我们的东西。一抬头我们看见胡子上斑斑点点的冰雪的向导消失在暴风雪中,过了一会儿又在远处的山峰后面冒出来,然后再次消失,这次永远消失了。当我们环顾四周却发现自己被孤零零地留在悬崖的边缘。"我所理解的哲学和哲学家的生活应该就是自愿呆在冰雪和高山之上。一个智者能创造多少真理?他敢创造多少真理？"

尼采并不总是生活在雪线之上"俯视下面的芸芸众生"，他还是个注重感官享受的哲学家，喜欢陶醉在地中海的阳光和沙滩中。在他拒绝瓦格纳的浪漫主义后，转向最流行但不伤感的歌剧《卡门》，称赞比才是天才。尼采听了20次，"每听一次我都觉得自己更像一个哲学家了，一个伟大的哲学家，我变得耐心、快乐、安详，带有印度风格"。尼采的诗歌，至少他自己是非常欣赏的，盛赞欧洲南部的风光预报了地中海20世纪的迷人魅力。尼采想成为一个好好先生，坦然接受生活中的痛苦和欢乐，抛弃任何虚假的哲学或宗教安慰。

但是那些期待"超人"的始作俑者与著名的尼采形象吻合的人肯定感到失望。熟悉的尼采形象是浓密的胡子，突出的前额，深陷的眼睛。或者像施特劳斯在交响诗《查拉图斯特拉如是说——尼采教授》中描绘的，古铜色健壮体格的尼采在阿尔卑斯山顶峰迎接朝阳的雄姿。实际上尼采教授是个虚弱的、眼睛半瞎的、神经衰弱的、经常犯头疼病只好卧病在床的人。原因可能是他患有眼疾，早年就反复出现的胃窦炎，或者心理上的障碍，还可能是后来得的梅毒——19世纪的艾滋病。他曾经痛苦地喊道"难道神经官能症就没有办法了吗？"对自己的糟糕身体绝望透了。反复出现的祈求狄奥尼索斯酒神掩盖了他几乎是绝对戒酒的事实。他最喜欢的饮料是低脂肪的可可。

至于说性，《查拉图斯特拉如是说》里或许最具性歧视的话语就是："你要去找女人吗？不要忘了拿着鞭子。"这种故作幽默如果不是尼采的独创，至少在当时的德国是非常典型的。有些地方也可展现出尼采特别的洞察力。他说:"在上层社会女性的教育中有些特别惊人和反常的东西。那就是所有人都认为女性应该对性了解得越少越好,应该对性有强烈的羞耻感。"这个评论在现在可能稀松平常,但在当时简直惊世骇俗。而且尼采独特的地方在于,他是在几乎没有性经验的情况下完全依靠他的认识本能得出这个结论的,这和风流的瓦格纳不同。实际上尼采是个禁欲主义者,虽然他至少有一次逛妓院的糟糕经历。1882年,发生在他和卢·莎乐美之间的那场沸沸扬扬的恋爱事件,最多就是亲吻了一下,卢·莎乐美手里真的拿着鞭子。流传很广的照片显示卢·莎乐美朝着尼采和另一个男人保罗·里挥舞鞭子,他们之间的三角关系并没有持续很长时间,卢·莎乐美便抛弃了尼采。

其实这张照片还显示尼采这个追求者近乎疯狂的程度,也显示他不是个很上镜头的哲学家。尼采有时候开玩笑地说他有古代波斯的先知查拉图斯特拉的精神,他借用了先知的名字却歪曲了先知的观点。他越来越觉得被"魔鬼"缠身,这个词在希腊语中表示精神,没有好坏之分。1889年初,在由于梅毒晚期倒下之前不久,尼采写道:"如果一个人稍微有点迷信,他就不可能摆脱自己只不过是超自然力量的化身、代言人、传声筒的想法。"尼采写信时的签名总是狄奥尼索斯或受难者。

受难者,但是在希腊万神殿中没有耶稣被钉死在十字架上的内容。在这个成熟的哲学家异教徒身份背后,尼采作为牧师的儿子所接受的基督教信仰并没有消失。这是性压抑之外的另一个典型的折磨。在他整个成年时代,尼采都在挣扎到底是继承家族传统当有学问的牧师还是做个虔诚的教授。他后来承认自己是波兰贵族后裔，因为德国民族主义者瞧不起波兰人，这是他恨德国民族主义者的表现。实际上尼采来自纯正的德国人家庭。尼采出生于1844年10月15日普鲁士萨克森的吕岑镇。他的父亲卡尔像许多德国哲学家的父亲一样是个路德派牧师，他的祖父外祖父也都是。后来尼采大声谴责"新教牧师是德国哲学的祖父，新教主义是它的原罪"。这个牧师家庭中的女人虽然被剥夺了爬上神坛的机会，却也都非常虔诚。小尼采特别虔诚，虔诚得让人窒息。幼年时代他最喜欢的游戏就是在教堂里玩，因此家人都把他称为"小牧师"。在这方面他得到妹妹伊丽莎白的帮助，有很长时间伊丽莎白都把他当作英雄一样来崇拜。

1849年，尼采的父亲由于大脑疾病去世，享年35岁。这一变故迫使当时只有24岁的母亲弗朗西斯卡带着尼采和4岁的伊丽莎白迁往瑙姆堡。在这个天主教气氛浓厚的小镇，他们非常虔诚，虽然生活贫困却要维持体面的外表。在回忆中，尼采激烈抨击"瑙姆堡的虚伪，假装天真，假装深沉，假装诚实和忠诚。小时候我就生活在这样一个有毒的氛围里"。不过，尼采是个优秀的学生，1858年获得到德国最好的寄宿学校普佛尔塔的奖学金，该校以古典文学和基督教经典著称。在这里上学期间，尼采的希腊和拉丁语课程都是非常优秀的，虽然经常发作的头疼让他不时卧病在床。尼采本来身体就虚弱，可他还坚持禁欲苦行，比如常年不断的冷水洗澡，为了证明罗马作家斯凯沃拉的说法手里握着燃烧的火柴，所以身体更加糟糕。他的同学印象深刻地称他为"受折磨的人"。

在普佛尔塔尼采开始写诗和剧本,希望将来像歌德一样。他还表现出即兴演奏钢琴的本领,但是因为当音乐家对牧师的儿子来说不合适,他在1864年10月进入波恩大学学习古典哲学(古希腊,罗马)和神学。像当时许多学生一样,他也酗酒,经常喝得醉醺醺的,甚至还和另外一个学生决斗,因为决斗留下的伤疤会成为炫耀于人的资本。在这个时期视力有问题的尼采盲目地挥舞着佩剑,最后在不戴眼镜的鼻梁上留下伤疤,卧床等待康复。

另外一个事件的后果更加严重,虽然究竟发生了什么事至今仍然不很清楚。按照朋友保罗·杜意圣的说法,尼采在1865年2月到科隆游玩的时候问路,被别人指引来到了妓院门口。但是刚一进去,发现被包围起来,五六个穿着镶有金箔的服饰和薄纱的黑影充满期待的眼神看着他。他后来说:"我说不出话来,本能地走向钢琴,那是唯一有生灵的东西。我弹了几个和弦,就逃掉了。"然而,没有几个人相信他真的就这么逃掉了。在托马斯·曼的小说《浮士德博士》中,主人公阿德里安·莱弗金,是根据尼采和叔本华两个为素材塑造的人物。这个人物有同样的经历,返回妓院和让他动心的姑娘相好并染上梅毒。尼采是不是返回同一个妓院我们不清楚,但是可以肯定他是在这个时期染上的梅毒。染上梅毒和最终倒下之间有这么长的持续时间并不罕见。这种学生找妓女的情况非常普遍,舒伯特、当尼切堤(意大利作曲家)、马奈(画家)、波德莱尔、莫泊桑都染上了这致命的疾病。尼采后来说这个时期他曾经进行过治疗,同时也表明他不能体面地结婚,因为担心传染给妻子。

不过疾病没有阻碍尼采在学术生涯的进步。1865年8月,他转到莱比锡大学师从他喜欢的教授莱乔尔学习哲学。他已经放弃神学,这对于牧师的儿子来说是个重大的决定。他拒绝和家人一起参加瑙姆堡的复活节活动已经让人感到不高兴,因为这是违反规矩的行为,好在被他的姑姑巧妙地化解,她指出所有的神学家都有怀疑,但是"怀疑"不表明他对基督教的拒绝。古典文献向尼采展现了与基督教理想大不一样的迷人世界。不过到现在为止尼采还没有接触现代哲学。10月碰巧在莱比锡买到的叔本华的《作为表象和意志的世界》为他打开了全新的世界。"我拿在手里一页页翻看全然新奇的内容。我感到心中有个声音对我悄悄地说'拿回家看吧'。一回到家就躺在沙发上开始如醉如痴地阅读这个强大的忧郁的天才。"后来尼采在《作为教育家的叔本华》中说他认识到"读了第一页后就要不忍撒手了,要倾听他说的每句话。我被叔本华完全迷住了,觉得这本书好像是他专门为我写的"。

叔本华成就了哲学家尼采,他以自己独特的思想和勇气帮助一个智力超群的年轻人成长为孤独的先知。尼采承认"与其说你是教育家倒不如说你是解放者"。他成了叔本华忠实的信徒,严格实行禁欲苦行的生活,一天只睡4个小时(叔本华自己并没有这么做)。虽然尼采古典文学非常出色,曾在文献学杂志上发表精彩的文章,但他还是越来越喜欢哲学。从1866年10月到1867年这段时间,尼采的学术研究被迫中断,因为他被普鲁士陆军拉去当兵,他眼睛近视并没有让他豁免。尽管尼采不喜欢军旅生涯,但是他当马夫还是很认真的。只是几个月后,当他敞开胸怀准备跳上马鞍的时候出了事故，感染的伤口让他卧病在床几个月。后来因为身体越来越弱，他离开了部队。

1868年10月28日，尼采回到莱比锡，遇到了音乐之神瓦格纳。瓦格纳的《纽伦堡的名歌手》和《特里斯坦与伊索尔德》序曲彻底把他征服了。在给当时的好朋友欧文·罗德的信中尼采说："我不能对他的音乐保持冷静客观的批评态度，它让我的每根神经都感到震撼。"11天后，尼采见到了匿名前来参观莱比锡的作曲家本人。尼采在另一封信中写道："他是个特别有活力和充满激情的人，说话非常快，和朋友在一起的时候非常诙谐活泼。夜晚的时候我们长时间地谈论叔本华。你可以想象听他说他对叔本华有多崇拜和感激的时候，我有多么快乐和兴奋。"叔本华和瓦格纳成了尼采的两个偶像，但是这种偶像崇拜是危险的。

瓦格纳是古典音乐最伟大的超级明星和大师，特别有魅力。在年龄上来说瓦格纳相当于尼采的父亲，而且有牧师的外表。父亲早逝，潜意识里渴望英雄的尼采被彻底征服了。第二年夏天他对朋友罗德说："瓦格纳拥有一个人可以期待的所有美好品质，但是整个世界根本没有认识到他的伟大。"那时候尼采在瑞士生活，刚刚到巴塞尔大学教授古典哲学。令人吃惊的不光是他只有24岁，而且还因为当时尼采还没有拿到博士学位。莱乔尔教授的推荐信上说："他是个能够把任何想做的事做好的人"，让他一举成名。当时世界上最好的德国学术界好像都在他的脚下。更让尼采高兴的是巴塞尔离瓦格纳和后来成为第二任妻子的科西玛一起居住的琉森湖畔的翠比轩只有50英里远。尼采能够而且确实经常拜访自己心中的英雄，此后的3年中他和瓦格纳夫妇见面27次，包括3个圣诞节。

瓦格纳的房间里装饰着塑像、缎子和丝绸饰品，以及其他他觉得是创造性不可缺少的东西（这些包括8个仆人，和一堆金色的野鸡）。由于巴伐利亚的路德维希二世慷慨地免去了他所欠的债务，尼采现在能够穿着黑色天鹅绒外套和马裤去看戏，表达对大师着装的观点。然而尼采只注意到了自己的天才。他在1869年8月写道，"和瓦格纳在一起，我感觉就像在神的面前"。尼采承认这是他一生中最伟大的友谊："我们的天空没有乌云遮盖……我和瓦格纳的第一次相见是我一生中来最重大的事情。我称瓦格纳为我生命中最伟大的恩人。"他在即将去世时写的玫瑰色的回忆录中这样说。攻击瓦格纳是后来的事。

他的第一本书《悲剧的诞生》出版于1872年。瓦格纳热烈地接受尼采把他的歌剧与古希腊悲剧相提并论。尼采当时把瓦格纳看作19世纪德国的象征，虽然后来他为这本书感到尴尬，说："这是一部失败的作品，文笔很糟糕，生硬乏味，形象混乱，有的地方多愁善感。"但这本书是他第一次表现戏剧和狂欢的"黑暗之神"狄奥尼索斯在希腊文化中的核心地位，与体现理性和个性追求的日神阿波罗形成鲜明对比。

狄奥尼索斯的情感开始苏醒，随着情感越来越强烈，主观性的因素消失在彻底的自我忘却中……在狄奥尼索斯魅力支配下，不仅男女的结合被重新确认，而且已经变得陌生、充满敌意和屈从的大自然再次和她失去的儿子——人类和解。每个人都觉得与邻居融洽和睦，结为一体，而且发现了真实的自我，就好像玛耶的面纱已经被扯去，他沉浸在散步的喜悦里。

尼采通过特别丰富的想象力展现出自己独特的声音。正如他说"这个新的灵魂应该唱歌，而不是说话"。这本书所批判的坏蛋是苏格拉底和最后一个伟大戏剧家欧里庇德斯。尼采宣称正是欧里庇德斯以怀疑的理性终结了希腊悲剧，把神化色彩的仪式变成了欢乐的剧场。

对神话相当熟悉的瓦格纳可能提供了一些帮助，或者直接参与了写作，或者提供自己的图书馆间接支持了这个年轻教授。然而这本书没有对尼采的事业进展提供多少帮助。1871年，他没有能填补巴塞尔大学哲学教授的空缺，只好继续教授古典哲学课程。他自己兴趣日减，听课的学生也寥寥无几。人们只是记得他复兴了古典语言和文化。两人在翠比轩的湖边散步的时候经常长时间激烈争论。瓦格纳现在名望日隆，而尼采默默无闻，尽管年龄和成就上有巨大差距，但他们都知道两人都是天才。尼采的妹妹伊丽莎白访问了翠比轩后回忆道："瓦格纳，科西玛和我哥哥开始讨论人类的悲剧、希腊的悲剧、德国的悲剧，以及他们相互的计划和愿望。我有生以来第一次听到观点针锋相对，气氛却这么和谐融洽的谈话。"瓦格纳在这个时期对尼采的深情了然于胸，说他是唯一"提升和丰富我的生活的人"，当然有个例外，但是他没有说这个例外是谁。

瓦格纳是个极端自私的人，没有人能够长久和他生活而不发生纠纷的。尼采刚开始充满感激地为瓦格纳跑前跑后，甚至去给他买特别的丝织内衣。尼采心中珍藏着音乐理想，曾经演奏过自己创作的曲子。但是瓦格纳像别人一样对尼采的音乐天赋根本不屑一顾，觉得一个牧师的儿子只会写像教堂挽歌一样的死气沉沉的音乐。尼采感到自尊心受到伤害，声称科西玛发现他的钢琴即兴创作比她丈夫的还好，瓦格纳的钢琴水平糟糕得让人吃惊。

科西玛现在也成为尼采生活中一个关键的人物。照片上显示她像一个维多利亚式贤妻良母怯生生地坐在大师身边。其实这个形象是骗人的。科西玛是音乐天才李斯特和指挥家彪罗的前妻（这位夫人抛弃丈夫和比自己小25岁的李斯特相爱）的私生女，消瘦、丑陋，不过非常聪明，有音乐天赋，意志坚强，有强烈的反犹太人倾向和民族主义情绪。尼采是亲犹太人的，民族主义情绪也不强烈，曾对她的思想不以为然，但是仍然忍不住深深迷上了她。在尼采看来，科西玛比任何别的女人更聪明更有教养。不过他很聪明地一直把这个俄狄浦斯式的感情藏在心里，直到他疯狂的前夕才写给她一个纸条"安妮，我爱你——狄奥尼索斯"。科西玛没有答复。

尼采主动参加了1870年7月法国和普鲁士的战争。他已经放弃了普鲁士国籍，本来没有义务参加，可他还是表现出德国人的思想和行动。在担任救护队队员期间，他患上了痢疾和白喉。康复后，他的情绪无可挽回地发生了变化。德国人赢得战争的胜利，并因而出现了普鲁士领导的夸夸其谈的新德意志帝国。尼采很快就发现这个国家变得非常陌生。1870年11月，尼采就劝朋友罗德离开"令人窒息的、摧残文化的普鲁士，成群的奴隶和牧师大批大批地出现，过不了多久这些人的幻想就会笼罩整个德国"。在1873年，尼采在《不合时宜的思考》中警告说:"普法战争最糟糕的后果莫过于广泛宣传德国文化也在战争中取得了胜利的错误观念。"15年后,他更加简练地重复了这个观点,"德国在军事上的强大为法国成为文化强国提供了机会"。但是对许多德国人来说,新德意志帝国实现了他们多年来渴望国家统一的愿望。

瓦格纳1872年4月迁往巴伐利亚的拜罗伊特,那里有专为大师建造的歌剧院和豪华的别墅。这样一来,尼采失去了让他感到最幸福的家庭乐趣。同时由于迷人的瓦格纳不在身边,尼采开始怀疑自己喜欢的、可能诱惑人走向自我毁灭的音乐。另外,尼采作为受过正规训练的古典主义者,越来越对清澈明晰的法国文化感到痴迷。尼采开始了漫长而又痛苦的摆脱瓦格纳的过程。他基本上拒绝了来自拜罗伊特的邀请,只是在1876年完成了《不合时宜的思考》的第四部《瓦格纳在拜罗伊特》时去过一次。正如著述所显示的,尼采越来越明显意识到称赞大师时的虚伪(瓦格纳显然还不清楚,回信说"朋友,你怎么这么了解我?"也许他根本就没有看)。

1876年8月,尼采来到拜罗伊特参加《尼伯龙根的指环》的首次完整演出。这次演出可以说是可耻的失败——专门从英国订购的表示龙的齐格弗里德姗姗来迟,因为其脖子已经被送到黎巴嫩的贝鲁特。在《莱茵的黄金》中沃旦丢失了戒指,幕布早早在舞台上升起了,手还在不停地动。哲学家非常恼火地发现这里并不是他天真的想象中挤满虔诚的瓦格纳崇拜者的圣地,而是一个有钱有势者的乐园。他谴责说"整个欧洲的达官显贵都拥到这里了"。可是瓦格纳清楚得很,国王和银行家对深陷债务纠缠的他来说非常重要。对尼采来说更糟的是,这个节日渗透出德国的文化沙文主义。由于头疼欲裂、恶心反胃,尼采赶紧逃离这个城市。其实不是瓦格纳的音乐,而是尼采猛然意识到作曲家开始与普鲁士新德国同流合污终于让他忍无可忍,拂袖而去。"我不能原谅瓦格纳的是什么呢?因为他成了帝国主义思想的德国人。"这个简直等于杀亲的行为让尼采非常痛苦,不过对他的思想和感情独立至关重要。

尼采离开拜罗伊特,同行的还有他结识的新朋友保罗·里,一个犹太人小说家和心理学家。尼采很清楚这位朋友会让瓦格纳恼火,因为瓦格纳曾在《宗教与艺术》中说"犹太人是纯洁人性的天生的敌人"。11月尼采和瓦格纳这两个天才曾在苏莲托又见过一次面。尼采由于患病得到一年的休假,在32岁的时候第一次到意大利旅行(他说"我耸耸肩,为自己这么大了才开始生活不好意思,把第一次看见那不勒斯湾的落日那天作为重生的日子。")正在撰写《帕西法尔》的瓦格纳热情称赞基督教仪式,想象着要在后来的歌剧中再次表现。尼采说他对瓦格纳虚伪的宗教信仰,反对宗教改革的思想感到震惊。其实,尼采是在说谎,因为1869年科西玛已经在翠比轩读给他听了《帕西法尔》的歌词。尼采这时候主要阅读法国作家蒙田、拉罗什富科、司汤达等的作品,并为他们的敏锐和细腻而折服。没有什么比亲近法国的立场更让瓦格纳感到疏远和陌生的了。最终两人因为相互不能理解、相互蔑视而分手。

尼采在1882年的《快乐的科学》中用很抒情的笔调描写了他们的友谊:"我们是星星间的友谊,就像两条船,各自有各自的目标和航向,在相互交叉的瞬间,我们可以一起庆祝盛宴,就像以前一样。但是生活太短暂了,视野太渺小了,我们无法超越局限。让我们相信即使被迫成为世上的敌人,我们仍然能够维持星星的友谊。"

可是瓦格纳就没有这么宽宏大量。他散布谣言说尼采的疾病是由于过分手淫造成的——手淫在19世纪的时候被看作是会导致失明和疯狂的。曾给尼采看病的医生奥托·埃瑟证实了这个说法,说尼采后来的著作显示了他精神错乱的迹象。瓦格纳泄露秘密的行为让接近失明的尼采非常恼火。

在思想上尼采正朝向新的、完全未知的方向。在1878年出版的著作《人性,太人性》(它的副标题是"为自由的灵魂")中,尼采故意抛弃了叔本华的先验的理想主义,这其实是对康德说法的修正。从这时候起,尼采赞成现象世界的现实,拒绝西方思想对本体论过分强调的潮流。尼采在书中委婉攻击瓦格纳,"最高贵的美是不会让我们疯狂得跳起来的"。但是书的主题是"人类生活的被人忽视的微小的真理",表现出他心理的敏感性。"我们注意到他在和我们谈话过程中非得强迫自己认真听的时候,就有可靠的证据表明他已经不再爱我们了。"这和拉罗什富科的说法吻合,也和尼采崇拜的瑞士历史学家布克哈特承认的一样。但是父母性格和观点上的激烈冲突对尼采的性格产生深远的影响,造成他长久的内心痛苦,为后来弗洛伊德的研究提供了注脚。这种迅速翻脸和改变让许多老朋友感到警惕。罗德因为迷茫就曾经问:"彻底丢掉自己的灵魂,换成别人的灵魂,可能吗?"科西玛认为圆滑的保罗里哄骗尼采就是"犹太人和日耳曼人关系的缩影"。尼采曾经激烈攻击德国日益堕落,把任何能想象到的公众或私人灾难不幸都归咎于犹太人这个替罪羊。

1879年6月,尼采从大学岗位辞职,这不是未雨绸缪而是已经有点晚了,因为他那年春天病得非常厉害,已经因此取消了118节课。头疼发作后往往持续数周之久,呕吐和短暂失明也是如此。他在1880年1月写道:"每天像海上晕船的感觉,持续多个小时的疼痛,让自己几乎处于瘫痪的状态,根本无法张口说话。"这些疾病也许不是起源于梅毒,有时候可能是偏头疼引起的,因为尼采在染上梅毒之前就有偏头疼的毛病。尼采认为自己身体上的病痛可能与心理波动过分强烈有关。但是因为尼采现在唯一能做的事就是写作,几乎无法重新陷入智慧的休眠状态。奇怪的是,尼采对江湖骗子的治疗方法,如稀奇古怪的水疗或冷水浴以及牛奶水果、可可和干面包的饮食疗法等深信不疑。但这些一点用处都没有。

尼采试图嘲笑这些疾病甚至想从中捞取点好处。"每天与头疼搏斗和想尽各种办法对付病痛占去了我太多的注意力,现在已经面临成为猥琐小人的危险。也许可以起个平衡的作用。但是如果追求卓越的趋势消失,我就真的成为笨蛋了。"这是逞强而不是在说实话。由于长期卧病在床,尼采确实面临最后成为唯我论者的危险。与此同时,他一直在寻找对健康有好处的居住地,过着"流浪者和他的影子"(尼采的著作名)的游牧生活。

尼采1880年春天在威尼斯度假的时候,得到忠实的学生年轻作曲家彼特·嘎斯特的照顾。这个人作的记录成了尼采的下一本书《朝霞》。有一段时间，威尼斯让尼采平静了下来。"在高大安静的房子里我睡得很好，被穿过威尼斯的海风吹拂着，让人心旷神怡。"他给妹妹写信说。尼采在《朝霞》中猛烈攻击基督教的性道德，"从邪恶的、道德堕落的观点来看，爱情变成了恶魔。基督教成功地让伟大高贵的理想阿瑞斯/丘比特和阿芙洛狄特/维纳斯变成了小妖精和幽灵"。如今除了圣经地带外的人外很少会反对这个观点，但是尼采接着攻击所有道德赖以存在的基础：

我否认道德就像否认炼丹术，也就是说我不否认有些相信此类命题的炼丹家，他们言行一致认真对待。当然我也不否认应该做那些被称为道德的行为，应该避免或拒绝做那些不道德的行为。但是我认为应该用其他的原因来鼓励或劝阻别人。我们应该学会不同的思考方式，不同的感觉方式。

尼采并没有庆祝即将来临的道德崩塌，但是他在警告其严重的后果。

1882年，尼采在瑞士阿尔卑斯山6000英尺高的地方发现了他的避暑基地西尔斯玛丽亚，他称这里是"地球上最可爱的地方。我从来没有发现有这么安静的地方"。冬天的时候他去意大利或法国的里维埃拉。这些地方比西尔斯玛丽亚暖和些，让这个流浪的哲学家不需要暖气就可以对付。1881年11月，尼采第一次听《卡门》，再一次受到震撼。它的地中海激情是尼采消除瓦格纳阴影的最好解毒剂。在《卡门》的激励下，他仍然以高昂的语调写作。尼采在接下来的书《快乐的科学》中提出了最著名的宣言：上帝死了。

难道你没有听说一个狂人在明亮的早晨提着灯笼跑到市场上不断高呼："我在寻找上帝，我在寻找上帝"。这引来周围旁观者的嘲笑。"你的上帝丢了吗？"有人问道。"他像孩子一样迷路了吗？"另外一个人问道。但是当狂人用犀利的目光逼视他们的时候，他们的笑声消失了。他喊到"上帝去哪儿了？我告诉你，是我们把上帝杀了，包括你和我，我们都是凶手。我们是怎么做的呢？是谁给了我们海绵擦掉全部的地平线？我们挣脱联结地球和太阳的锁链后又做了什么？地球的轨道在哪里？我们的轨道在哪里？离开太阳了吗？难道不是滑入一无所有的虚无吗？天气不是变冷了吗？无尽的黑夜不是离我们更近了吗？难道早上就不需要灯笼了吗？上帝腐烂的气味没有进入我们的鼻孔吗？接着狂人摔了他的灯笼，宣称他来得太早了。重大的事件即将到来，虽然还没有进入人们的耳鼓。但是这个事情已经出现了。"

即使是叔本华也没有如此忧郁冷酷。尼采已经预料到 20 世纪无休止的忧虑，因此需要坚定的动态的乐观主义来平衡。"我越来越多地相信必需的东西就是美好的东西。所以我要成为创造美好东西的人。命运的爱：从现在起让它成为我的爱。我不想和丑陋开战。我不想指控别人。总之，我想有一天成为一个唯唯诺诺的人。"他的决心很快就面临严格的检验。

1882 年 4 月，在罗马尼采结识并爱上了卢·莎乐美。这个比尼采小 17 岁，聪明过人、魅力四射的姑娘来自俄罗斯裔德国上层家庭，对尼采潜在的势利和日益强烈的德国恐惧症非常满意。像尼采一样，她很早就失去了宗教信仰，尼采这个几乎失明的贫穷哲学家的诗歌才华和超群智慧给她留下深刻的印象。她后来回忆说尼采对她说的第一句话，"是什么星星让我们的轨道相遇？"但是她是个神经质的处女，也许因为对她父亲近乎乱伦的欲望。后来就产生了这样的想法：保罗·里、尼采和卢·莎乐美三人一起学习和生活——但是纯洁无瑕。尼采不知道他自认为最好的朋友保罗·里曾经向卢·莎乐美求婚被拒绝了。

尼采第一次也是最后一次真正爱上一个人，向她谈起关于《查拉图斯特拉如是说》的最初想法。尼采在山顶上向卢·莎乐美莎乐美求婚，声称愿意接受禁欲的婚姻。禁欲对身患梅毒的男人有明显的吸引力。虽然卢·莎乐美拒绝了尼采的求婚，她称作"三位一体"的三人5月份在琉森再次相遇。按照卢的说法，他们是到瓦格纳从前的翠比轩别墅朝圣，在那里尼采精神崩溃开始哭泣。有人还提议在照相馆拍照，不过这张流传甚广的照片让人非常失望。根本没有表现出高雅的鞭笞者的聚会，只是显示一辆粗糙的道具小马车由保罗·里和尼采拉着，卢·莎乐美在车上没精打采地挥舞着鞭子，后面的背景是高山。鞭子和马车都是摄影棚中的道具。正如卢·莎乐美所说，如果是尼采的主意，他显然是要开玩笑。后来卢·莎乐美拿这张照片到处炫耀。

但是对尼采来说，他觉得终于找到了一个"灵魂飞行员"伙伴，心满意足，兴高采烈。他和卢·莎乐美在罗腾堡森林一起度过了8月，在此期间尼采指导她写诗，包括一些类似尼采的风格，阐述尼采思想的诗歌。他写道："我敢肯定像我们这样在哲学上开诚布公的情况根本就没有过。"可是已经有两条蛇潜伏在这个天堂里。保罗·里恶毒地挑拨他们的关系，对卢说尼采不过是想占她的便宜。尼采的妹妹伊丽莎白则认为卢·莎乐美是典型的荡妇要勾引她的哥哥，并与他们两个激烈争吵。尼采最初完全信任保罗·里和卢·莎乐美，但是到了秋天开始感到担心。11月在莱比锡尼采得知人家没有通知他就一起离开了，这个三角家庭宣告解体。

卢·莎乐美继续出版在当时受到推崇的小说和诗歌。1889年，她嫁给了一个学者弗雷德·安第斯。有趣的是，他们夫妇直到他1930年去世一直都没有同房。不过她有别的"三位一体"男友，著名的尼采式诗人里尔克。她还怀上了这个人的孩子，但是流产了。后来她成了弗洛伊德的信徒，专门研究肛门性交问题。保罗·里从人们的视野中完全消失。尼采充满了对伊丽莎白、保罗·里和卢·莎乐美的无比的仇恨，变得比以前更加孤独和悲哀了。他在1882年圣诞节写给奥瓦贝克的信中说："这是我不得不品尝的生活中最苦涩的滋味了，我要是能睡过去多好。但是剂量最大的安眠药（他每天吃50克的水合氯醛）也抵不上我散步6至8个小时。如果我不能找到把所有这些污秽变成金子的魔力公式，我就完蛋了。"

尼采的格言是"从伤痛中恢复力量"。他最长的、最伟大的作品散文体诗歌《查拉图斯特拉如是说》就是在绝望中产生的。狂热的激情和冲动伴随他写作的整个过程，回应和模仿圣经是他惯用的手法。该书的第一章在1883年完成。开头是来到世界的回声。

查拉图斯特拉30岁时离开家进入深山。那里他能够享受精神和孤独,连续十年不觉得疲乏。但是最终他的心变了,有天早上他黎明即起,对着太阳升起的地方说:伟大的星星啊,如果你没有了可以享受你光辉的人们,你的幸福又在哪里呢?请记住,我已经厌烦了我的智慧,就像采了过多的蜜的蜜蜂,我需要有人把蜂蜜拿走,我愿意白白送人,分配出去,直到那些聪明者满足于他们的愚蠢,穷人满足于他们的财富。保佑溢出需要的杯子,水似黄金从杯中流出,把你的幸福反射到全世界。

内容丰富、才华横溢的书能够让人从多方解读。书中有两个主导性的重要概念,最著名的是"超人"(但是这个词无法真正翻译出来),这个词已经脱离了它的创造者,获得了难以置信的生命力。尼采说的超人不是指生物学上与现在人类不一样的其他物种,或者在生理上更加强大的物种,而是在心理上、道德上、美学上更伟大的人。历史上的伟人如恺撒大帝、贝多芬、歌德等都是超人的代表。"猿猴在人类看来是什么呢?一个笑柄,一个让人尴尬的、痛苦的存在。同样的道理,人类在超人看来也是如此。人们从前曾是猿猴,即使现在的人类也比任何猿猴更像猿猴。别忘记,我要教给你怎样成为超人。超人是地球的意义。"由于上帝死了,超人必须填补道德和心理上的空白。尼采没有说清楚在超人处于崇高的地位时要怎么办。

用来补充这个缺陷的是外来力量循环的主张。任何事情,不管什么,都会重新再来,绕巨大的圈子后再回来。"你是否对单一的快乐说是的,然后你对所有的痛苦也说是的。所有的东西都被纠缠,被缠结,被迷恋。所有的快乐都想永久存在。"这个哲学适合那些胃口特别好的人。尼采不断重复另外一个重要的信号:"真诚对待尘世,不要相信那些对你说更美好地方的人。这些人悲观厌世,缩头缩脑,自暴自弃,尘世讨厌他们。"同样关键的是他对生活本身的看法。他认为生活是令人吃惊的、壮丽的、丰盛的,该观点隐含在查拉图斯特拉中,在后来的著作中被明确指出来。尽管承认存在的痛苦,但是尼采看到地球的自然状态是甚至到了荒唐的地步的"资源过分丰盛和挥霍浪费"。"至于为了生存的著名斗争,只是作为例外而存在。一般情况下人生不是饥饿和痛苦,而是财富、享受和荒唐的浪费。"这是他和把伟大的生物学家达尔文当作准教皇一样全能的人的主要区别。

尼采刚完成《查拉图斯特拉如是说》第一部分就听到瓦格纳在1883年2月14日去世的消息。他再次患病,随后感到如释重负。"六年来一直反对自己最崇拜的人,这是非常痛苦的",但是瓦格纳的去世让他感到更加孤独。《查拉图斯特拉如是说》在某种程度上就是孤独的赞歌。尼采的妹妹伊丽莎白对尼采过分的关注,一度有人怀疑她有乱伦嫌疑。现在她与一个偏激的反犹主义者伯纳德·福斯特订婚。福斯特创立了德国人民党,是纳粹意识形态的先驱,后来又移居巴拉圭创立雅利安人殖民地。伊丽莎白不顾哥哥的强烈反对在1885年5月和他结婚,因为已经快40岁了,她不顾一切。一对新人在1886年到巴拉圭,但是新德国殖民地命运不济,1889年,福斯特盗用公款被暴露之后自杀身亡,伊丽莎白回到欧洲。尼采其实早就对这个"报复性强的反犹主义笨蛋"失去了耐心。

尼采早期作品的销售情况越来越糟。尽管发现人们对"有史以来最崇高的书"不屑一顾让他感到惊讶，在1885年尼采还是得自己掏钱出版《查拉图斯特拉如是说》的最后一章。金钱对没有退休金的教授尼采来说逐渐成为大问题，尽管有个上了年纪的贵族崇拜者迈特·冯·萨利斯不时接济他。好像《查拉图斯特拉如是说》已经充分满足了他当预言家的奢侈愿望，尼采开始写得更快，更好，更流畅。出版于1886年的《善恶的彼岸》实际上是关于真理的。他问道："你认为我们想要真理吗？为什么不是非真理，非确定性，甚至是愚昧呢？多数人的本能恐怕是喜欢肤浅的东西。"（这或许是尼采最不引起争论的命题）尼采称赞自信和掠夺成性的贵族，说"生活本身就包含了对外来者和软弱者的剥夺、伤害和压迫"。他可能想到了文艺复兴时期的君主们，如恺撒·博尔吉亚，他们给尼采以灵感就像早先让马基雅维利深受启发一样。布克哈特曾说文艺复兴时期的"专制政治不仅让暴君而且让秘书、部长、诗人和小吏都养成极端的个人主义倾向"。

尼采的下一本书《道德的世系》引进了新的概念区分主人和奴隶的道德。他说犹太教——基督教实际上是宣扬奴隶道德，是人们对高贵的武士阶级不满的结果。"无法采取行动的人通过想象中的报复来抒发自己的不满"就是地狱的惩罚。尼采对社会主义和无政府主义不屑一顾，认为它们纯粹是世俗化的、堕落的基督教。他尤其厌恶卢梭和那些信奉自由平等理想的法国革命家。不过尼采对政治不感兴趣，他关心的是文化和心理。他把禁欲主义当作给超人"权力意志"的自我控制能力的基本内容。"权力意志"这个概念在他死后被糟糕地误用。不过禁欲主义只是一个阶段,在此之后我们就能"消除世界上的罪恶。良心不安可以肯定是一种疾病,就像怀孕被看作疾病一样"。超人的领域超越了这些磨难,尼采对此已经无可奈何。

1887年早期,尼采发现了陀思妥耶夫斯基,称赞他是"唯一让我学到一些东西的心理学家"。尼采好像不需要阅读俄国的主要小说,凭本能就知道凶手拉斯科尼科夫的心态,或者神圣的白痴王子梅思金。他后来把"圣经展示给我们的奇异病态的世界"和表现"社会渣滓、神经疾病和孩子般白痴的俄国小说"相提并论。遗憾的是这个最有趣的堕落者(耶稣)附近并没有住着个陀思妥耶夫斯基。尼采从来没有否认自我克制的基督徒的生活是可能的,但是他怀疑是否真有人愿意过这样的生活。"事实上只有一个基督徒,他死在了十字架上。他的生活、他的教导告诉我们不要试图挽救别人而是要显示如何生活。他不反抗,不捍卫自己的权力,不采取任何防止最糟糕后果的措施。相反他主张不抵抗,不生气,甚至不和邪恶做斗争,而要爱他。"他认为耶稣的生活和教诲的本质就是不抵抗,被保罗及其后来的基督徒歪曲了。

1888年,好像突然给尼采带来希望。丹麦批评家勃兰兑斯称赞他的"贵族极端主义",在哥本哈根大学讲授尼采哲学,这让尼采非常开心。不久,瑞典戏剧家奥古斯特·斯特林堡说在与别人通信联系时所有的信件末尾都是"阅读尼采"。尼采的健康状况也开始好转,他把这归功于都灵的春天。尼采喜欢都灵的林荫大道、咖啡馆、书店、歌剧院,称它是"古色古香的地方,每一样东西都比我预料的更有魅力和尊严。这里有我见过的最漂亮的咖啡馆"。整个城市露出"贵族的宁静,根本看不到肮脏邋遢的郊区"。尼采现在自称是波兰贵族的后裔,处处被人抬举,恰似返老还童,情绪高昂得很。他5月份给母亲写信说,"奇迹一个接一个,真是个非常开心愉快的春天。这是近10年、15年以来让我最幸福的春天"。尼采在锡尔斯玛利亚度过的恶劣夏天甚至都没有减弱他的兴奋,到了秋天尼采返回都灵重新享受美好生活的黄金时期。

现在尼采写得更快了,他的字很不好看懂,排字工人都看不懂。《瓦格纳事件》对音乐家非常不公平,但是娱乐性很强,简直就是一篇颠倒的悼词,从中可以看出尼采对他最欣赏的过世的大师仍然难以忘怀。本书开头对比才的《卡门》大唱赞歌,"这个音乐对我来说是完美无缺的,它轻轻地、优雅地、礼貌地走近我们"。然后尼采狠狠地批评瓦格纳,称他是离医院只有五步之遥的颓废者,提供三种伟大影响力的人——残忍的,虚假的,天真的(白痴的)。但是尼采承认"其他音乐家根本比不上瓦格纳"。勃拉姆斯只不过是"模仿的大师"。如果说瓦格纳是颓废者,那也是符合颓废的时代要求的颓废者。尼采不愿意让睡着的神躺着,所以在简短的《尼采与瓦格纳》中再次对瓦格纳进行攻击。他批评当时的德国音乐就像德国啤酒和宗教一样"呆滞迟缓,让人压抑"。

《偶像的黄昏》的副标题"如何用锤子研究哲学",模仿的是瓦格纳的《尼伯龙根的指环》中自杀献身的最后一场的标题"诸神的黄昏"的。从语调上看,可以说完全是瓦格纳的反面:

简洁，诙谐，轻盈，异国风情十足。尼采在序言中说，"没有高贵精神内涵的东西是不可能成功的"。尼采攻击形形色色的现代病就好像要和每个人都过不去：哲学家、革命家、膳食学家女人，尤其是女文人、普通人，尤其是德国人。但是他首先拿苏格拉底的丑陋开炮，先前的思想家好像忽略了这些。"丑陋在希腊人中几乎是引以为荣的特征。苏格拉底究竟是不是希腊人？"毕竟"苏格拉底是粗野卑劣的，受苏格拉底的影响，希腊人的审美倾向发生改变，倾向于辩证法。这是高雅品位的失败，粗俗的辩证法占了上风。"但是尼采仍然不能决心给苏格拉底或瓦格纳甚至基督下结论。

但是对于歌德这个英雄，他的观点是毫不含糊，清清楚楚的：

不仅是德国人甚至是欧洲人的骄傲……他追求完整性，反对把理性、感情和意志分开。一个除了软弱什么都不排斥的人，这样一个自由的精神屹立于宇宙间，快乐和自信，他相信任何东西都可以在完整性中被补偿，被抵消，被证实——他不再否认……这种忠实是最高程度的忠实，我用狄奥尼索斯的名字给它洗礼。

尼采终于发现了他的超人。

随后的反基督教主义者虽然重复了早先的争论，但是他们并不总是关于宗教的。"进步只是一个现代的观点，一个虚假的想法。当今的欧洲远没有文艺复兴时期的欧洲更有价值。"但是尼采的主要目标仍然是基督教。"如果一个人把重心从生活中转移到生活以外，进入虚无，生活就被剥夺了它的重心。伟大在于个人的不朽永存摧毁了所有的理性，所有本能的自然性——所有这些都是表示欢迎的。"他对佛教的赞美有点讽刺的味道，"比基督教的现实性强100倍。用我的话来说已经超越了善与恶"。甚至伊斯兰教和"摩尔式西班牙的美妙文化世界"也被欢呼称赞，因为他们"热爱生活"。本书结尾是个诅咒："我称基督教是最糟糕的祸根，是对人们内心的最大剥夺，是对没有办法对付的恶毒的、秘密的、猥琐的报复本能。"

尼采把以上这些著作只是看作他《重新评估所有价值》的序曲。而该书又成为篇幅更长的书《强力意志》的替代品。后来尼采的妹妹伊丽莎白出版了《强力意志》的非完整的注释，显然有意要误导读者。此后尼采只写了另外一本书，一本最有创造性的自传。该书在1888年10月尼采的生日那天开始撰写。《瞧，这个人》引自基督审判。其副标题"人怎么成为自己"，里面的章节如"我为什么这么聪明""我为什么写这么精彩的书？"与封面上说的"疯子的瘫痪"相映成趣。不过尼采这时候还没有疯狂——还不怎么疯，尽管梅毒病菌已经扩散到了他的大脑里，因为这个病已经进入灾难性的第三期。虽然基本上是他的思想自传，《瞧，这个人》类似于他的一生的悼词：

在这美好的日子，当一切都成熟了，不仅葡萄长成了，一缕阳光洒在我的生活上，我回头看看，我朝前看看，从来没有看到这么多这么美好的东西。我并没有把我的44年光阴蹉跎埋葬，本来我有可能虚度的，所以我怎能不感激我的一生呢？

对于在实际生活中遭遇一连串的痛苦、拒绝、贫穷和孤独的尼采来说，这个观点展现出他是个充满英雄气概、摆脱自怜自怨的人。不怎么值得称赞的是他的自我吹捧和不断添加上去的如闪电般迅速的对从前著作的介绍。自我吹捧并不稀罕——写这么长时间没有任何读者，他已经养成唯我论，另外梅毒的副作用可能破坏了他批评性思考的能力。

《瞧，这个人》是尼采在1888年9月回到都灵后写的，当时他的心情特别好，"风景秀丽，热情好客的"城市让他心旷神怡。那年秋天特别的干燥和清凉，尼采误以为都灵与雅典或罗马一样气候新鲜爽人。他给奥瓦贝克写信说："10月晴朗的阳光照亮了任何地方，还没有染上秋天色彩的漂亮的林荫路。我现在是世界上最优雅的人了，已过中年的我正是欣赏美好世界的时候：这是我的收获季节。"但是很快就出现了辉煌的错觉："在都灵我简直陶醉在仙境里。人人都像看待王子一样看我，家家户户为我开门，献上饭菜。"他要求母亲给他寄来更漂亮的衣服，以便显示隐姓埋名的王子气派。实际上，尼采的房东后来回忆说这个房客非常孤独，经常一连几个小时在房间里弹钢琴，而且弹的是瓦格纳的曲子。

辉煌的错觉，健康的错觉，甚至年轻的错觉。照照镜子，他认为比以前更年轻了，更健康了。尼采在这时开始写《狄奥尼索斯颂歌》，零碎的但是常常很优美的诗歌，开创了20世纪散体诗歌的先河。尼采越来越相信酒神回到了地球，是要改变所有的价值，要摧毁德意志帝国的神。他在圣诞节后马上写信给斯特林堡："我已经预订了在罗马举行的王子聚会，我想年轻的皇帝可能要出席。"1889年1月3号，尼采试图拦住在街上被鞭打的马匹时摔倒，当他苏醒过来后，就明显疯了。他写信给萨利斯说:"世界变得美好了,因为上帝在此界。难道你没有注意到所有的天堂都在欢庆吗?我刚刚得到了我的王国,我要把教皇投入监狱。"他在信的末尾签名狄奥尼索斯。奥瓦贝克在巴塞尔收到的信的结尾是"我已经得到所有的反犹太人照片",他马上就赶到都灵。奥瓦贝克发现自己的老朋友裸体在房间里跳舞,还声称这个房间是狄奥尼索斯的庙堂。奥瓦贝克劝说尼采返回巴塞尔。尼采在那里被送进精神病院直到他母亲把他接回瑙姆堡照顾为止。

尼采在像婴儿般依赖别人照顾的情况下又活了11年,奇特的智慧完全消失了。具有强烈讽刺意味的是,清醒的时候渴望拥有的名声和财富现在都来了。受益人是尼采的妹妹伊丽莎白。她1893年从巴拉圭返回后接替去世的母亲来照顾尼采,并从尼采身上捞取好处。她在瑙姆堡买了房子,建成博物馆,主要的展品就是这个疯掉了的哲学家哥哥。尼采身穿白色袍子看上去就像雅利安教士,胡子更加浓密,漠然地盯着前来的各色参观者,一声不吭。参观者对先知者的沉默反而更加崇敬。由于皇室成员的大量拥入,伊丽莎白雇用了仆人和马车,生活开始奢华起来。尼采1900年8月25日中风死去后,人们为他举行了尼采生前最讨厌的路德教派的葬礼。伊丽莎白也许是故意误解了她哥哥的愿望。在从死者的手稿中整理出来《遗著集》并出版《强力意志》时,伊丽莎白把尼采变成了反犹太人的德国民族主义者和帝国主义德国的先知。这种对尼采观点的歪曲在1934年希特勒到尼采博物馆参观时达到顶峰。当时伊莉莎白还和独裁者握手。但是和希特勒连续拜访真正崇拜的艺术家瓦格纳圣殿不同，他到尼采博物馆参观是一次性的，希特勒并不是尼采的崇拜者。

尼采去世100年后，他首次提出的文化上、心理上、种族上的各种问题仍然与人类有特别密切的关系，而且他提问的方式也异常诱惑人。尼采认为人生应该追求美而不是要面对道德挑战的观点，或至少人生只能被审美理解的观点是鼓舞人心的，同时也是非常危险的，不仅对艺术家和作家，对哲学家也是如此。济慈悲惨的快乐，里尔克的天使，劳伦斯的大生活观都受益于尼采。尼采还被看作对我们这个文化通俗时代的平庸、抱怨和自怜的警告。尼采被一致公认为是摧毁不管是性还是其他方面的基督教罪恶感的先驱，就像弗洛伊德不大情愿承认的那样。虽然尼采的智慧本能带领他越过了维也纳医生的谨慎探索，但他自己的生活却一塌糊涂。

尼采非常崇拜的苏格拉底之前的神秘哲学家赫拉克利特说过"性格决定命运"。对于尼采来说，性格和身体状况决定了他不能过超人的生活。尼采从来没有达到成为超人的目标，一辈子都是个穷困潦倒、目光短浅、由于健康原因过早退休的教授。不过就算他的健康和财富允许，尼采清教徒出身的背景也会阻碍他像酒神一样不受罪恶感约束地放纵狂欢。在英雄般的超人外表下面，尼采一辈子都是牧师的儿子。他早期攻击基督徒的时候，说他们"无节制的忌食，无休止的禁欲，远离大自然，不登山，不爬高台，所有能够产生狂喜和心理错乱的东西都是被禁止的"。这简直就是非常拙劣地在描绘自己的生活。如果他拜访女士的时候手里拿着鞭子，那是让女人抽他，赶他回去工作用的，而不是为了一块儿探索性的乐趣。尼采禁欲的做法已经达到受虐狂的边缘，但是和从哲学传承上说作为尼采学生的米歇尔·福科不同，尼采的禁欲是心理上的，本质上说仍是基督徒的，不像自由派福科的性受虐狂。这就是尼采的墓志铭——先知狄奥尼索斯和超人的奇怪组合。

特写

尼采和纳粹

没有什么比指控尼采和纳粹有牵连对尼采伤害更大的了。纳粹主义者如柏林的哲学教授阿尔弗莱德·鲍姆勒试图把尼采列为纳粹主义的先驱。没有上下文的时候，尼采的很多术语如"白肤金发碧眼的畜生""权力意志"等听起来确实纳粹味道很浓。但是差别很大的其他哲学家如黑格尔、叔本华，甚至启蒙运动的台柱康德都遇到过类似的情况。只要稍微看一下尼采写的"第二帝国"，就能看到他会认为第三帝国是什么样子。尼采非常崇拜法国文化，非常讨厌自己的同胞甚至自称是波兰人。因此，尼采首先会蔑视纳粹对待欧洲刚刚获得解放的犹太人的态度。尼采崇拜第一个从贫民窟逃出来的犹太人天才斯宾诺莎，认为犹太人海涅有"让人惊叹的穿透力，没有了它们我无法理解什么是完美"，称赞海涅是19世纪最伟大的德国诗人，谦虚地把自己列为第二伟大的诗人。尼采知道自己崇拜的比才是犹太人，称赞犹太歌剧作曲家奥芬巴赫是"保持音乐家伟大传统的最深刻最多产的森林之神萨梯"。在其著作《人性，太人性》（1878）中尼采公开批评德国的反犹主义。他1889年发疯前最后一句话就是"我已经拥有了对付所有反犹主义者的子弹"。在私人关系方面，近10年来他最好的朋友是犹太人保罗·里，这个破坏了他和卢·莎乐美幸福结合的人。如果尼采有反犹太人的思想，那还不闹翻天，但是这种事并没有发生。

如果排除尼采反犹太人和纳粹教父的指控，尼采对"伟大人物"如恺撒、拿破仑和文艺复兴时期最残暴的独裁者博尔吉亚的崇拜仍然是引起争议的。这个事实说明他可能对不那么讨厌的、反民主的法西斯主义有出自本能的同情，就像作家皮兰德娄、庞德、叶芝一样。对独裁者来说，文学修养很高的墨索里尼阅读了尼采，并把《危险的生活》作为他人生的座右铭。然而，从古到今的独裁者从来都并不真正需要哲学家。政治是尼采思想中坦率承认的缺陷，他有一次曾经称自己为"最后一个反政治的德国人"。尼采在任何意义上都是精英主义者，他欣赏"强大的贵族"，对犹太教基督教同情弱者的观点不屑一顾。这让他的作品增加了让人讨厌的残忍色彩。但是如果尼采的崇拜者中包含纳粹同情者如海德格尔，那么左翼的崇拜者更多，包括马尔库塞、雅斯贝尔斯、萨特等。

第四章

伯特兰·罗素(1872—1970)——
研究人类行为的数学家

我在数学中发现最大的快乐,

希望到时候有像数学一样精确地研究人类行为的数学家。

——伯特兰·罗素《回忆中的画像》

到了20世纪中期，罗素已经成为世界上许多人眼中的哲学家，就像爱因斯坦是许多人眼中的科学家一样。罗素布满皱纹的面庞，满头的白发，优雅地抽着烟斗的神态确实像哲学家的样子，他在社会和政治问题上的贤明睿智的言论确实很有道理。1949年，他第一个在英国广播公司开设瑞斯讲座，他的《西方哲学史》成为第一本哲学畅销书。罗素一下子成了家喻户晓的名字，对于哲学家来说，他得到丰厚报偿。但这只不过是他从1896年《德国社会民主》开始到71年后《发生在越南的战争罪行》等众多作品中的一本。罗素从来不是狭义的学院派哲学家，1950年获得诺贝尔文学奖，因为没有哲学奖，如果有的话，他获奖肯定是合适的。

同样合适的是，罗素、爱因斯坦和其他五位诺贝尔奖得主共同签署的文件，警告核战争的灾难性影响，后来鼓动反对核武器，发起核裁军运动和百人会。1961年，在罗素年近90岁的时候，因为抗议活动被关进监狱。这种英雄行为让他成为和平的天使、明智和理性的灯塔。罗素声称他被"三种简单却又极为强烈的情感所支配：对爱情的渴望，对知识的追求和对人类苦难的无比同情"。这正是大众对哲学家的期待。

但是罗素也满足了人们对学者的期待，他和怀特海合著的

《数学原理》为他赢得了在世界同行中的声誉。《数学原理》把数学逻辑引入语言，帮助确立了分析哲学的基石，后来成为20世纪英语国家主导性的哲学，维特根斯坦也因为罗素的文笔被吸引了过来。但是在1913年完成《数学原理》后罗素感到才思枯竭，尽管当时只有41岁。这时候维特根斯坦对其思想的批评破坏了罗素的智慧自信。第一次世界大战时期的反战活动让他丧失了剑桥大学三一学院研究员资格，并因此被关进监狱。后来他又经历婚变的痛苦、孩子的麻烦以及无休止的经济问题。

因此，罗素在余生中几乎没有再真正研究过哲学，虽然他一直活到98岁，在1970年去世。在北美的演讲旅行中，一群聪明的女大学生围着他询问为什么放弃了正式的哲学研究，他著名的回答是："因为我发现更喜欢性交。"但是为了支付不断飞来的账单，他大量地写作，一生中几乎每天平均写两千字。这样的高产难免让他的有些作品非常肤浅，但是在有些作品中他的主张在当时还是非常激进的，比如关于性、婚姻、离婚、教育、孩子教育、国际政治和裁军等方面。这些观点并不是罗素独创，但是由他提出后，说服力、感染力就特别强，因而成为弥漫西方思想中的自由主义潜意识，普遍地被人们接受几乎成为无标记的东西。罗素著作的风行一时正是因为他预计到或传播了许多后来的态度和趋势。牧师和其他保守派攻击罗素"不道德"不是没有道理的。罗素提出的社会和道德（性）革命在他去世后确实都出现了。我们生活在离婚率高得惊人的社会，部分原因就是我们都是"肮脏的伯蒂"（罗素不怎么好听的绰号）的信徒。罗素一生结了4次婚，有无数的情人，一点都不觉得不好意思。

罗素的著作引人入胜,受到普遍欢迎,他自己被誉为"20世纪的伏尔泰"。这个类比有点道理,虽然伏尔泰不是有深刻思想的哲学家,但是两者都是有自由思想的贵族,有时候婚姻遭人诟病,甚至造成风险和麻烦。不过伏尔泰临终得到整个欧洲的敬仰,慈祥的微笑挂在他老态龙钟的脸上,而罗素的晚年却在家庭的怨恨和指责中度过。在他的身后或周围,用他的传记作者瑞伊·蒙克的话说,是"感情碎片的长长痕迹"。用他自己的话说,他常常被"狂热的魔鬼所折磨"。比如罗素1966年的遗嘱并没有提到原来寄予厚望后来试图当作疯子关起来的第一个儿子约翰,相反他的财产给了有争议的版权秘书拉尔夫·舒曼。不过罗素最后和舒曼也争吵不休。

理性开明的观点并没有阻止急于想要孩子的罗素成为糟糕的父亲和祖父,因为他常常是个父亲或情人。罗素失败的私生活在很大程度上给他的观点打上折扣,也在很大程度上反映了罗素的性格缺陷绝不是简单的学术问题。在和别人的交往中,与人道主义的冠冕堂皇相反,罗素的行为冷酷麻木,完全是"截然相反的性格的组合",出于"根深蒂固的疯狂恐惧和强大的虚荣心"(蒙克的话)这两者都部分来自他的祖先,英国最有势力的家族。罗素的虚荣心由于学术上的成功得到进一步强化,年仅23岁就被选为三一学院的研究员,38岁时由于在逻辑和数学上的贡献被选为英国皇家学会会员。这些高高在上的学术和社会地位让罗素有贵族俯视芸芸众生的居高临下的优越感。不过只是在很少的情况下,如宣称"一个达尔文能顶三千万普通人"的时候，罗素的自由主义面纱才会落下，露出辉格党的冷酷傲慢的嘴脸。

伯特兰·罗素出生于1872年5月18日。他被称为约翰·罗素爵士的祖父曾两次在维多利亚女王时期担任首相，此前还通过议会帮助指导1832年的大改革法案（并不像名字那么激烈的改革）。但是该家族的崛起和财富开始于16世纪首位贝都福伯爵，亨利八世国王负责修道院的侍臣。罗素家族长期以来都是激烈思想的同情者，威廉·罗素在1683年由于参与谋杀查理二世的阴谋而被砍头。罗素的父亲安伯雷子爵同样拥有激进的观点——他是不可知论者和女权主义者——因而毁掉了自己的政治前程，尤其是他节制生育的主张让选民感到陌生。安伯雷的朋友，自由主义哲学家穆勒成为罗素的教父，这些让人看到罗素激进思想的渊源关系。罗素的母亲凯特·斯坦利思想同样激进，也是贵族出身，她的祖先可以追溯到1066年。

但是这个历史悠久的金色豪门很快就染上了死亡的阴影。罗素的母亲和妹妹罗切尔在1874年死于白喉。罗素的父亲由于悲伤过度，不到两年就紧随她们奔赴黄泉，而且举行了非基督徒的葬礼。非基督徒葬礼是安伯雷曾经指定的两个侍卫安排的，但是这些对罗素的祖父母来说是绝对不可接受的，尤其是后来他们得知安伯雷夫人出于友好和同情让两人中的结核病学家道格拉斯·斯波尔丁与她同床共眠，虽然罗素后来说"她并没有从中得到任何快乐"。3岁的罗素和7岁的哥哥弗兰克到位于里士满公园的潘布鲁克，一个可以俯瞰泰晤士河的长长的低矮的建筑里和祖父母一起居住。

上了年纪的老罗素伯爵和蔼可亲,曾拜访过被流放在厄尔巴岛上的拿破仑,于1878年去世,只留下罗素的奶奶一个人照顾他们。老罗素夫人不是死硬的反动派——她支持爱尔兰自治,接受达尔文主义,但是她来自苏格兰长老会家庭,在潘布鲁克的生活是非常简朴的。由于弗兰克到温彻斯特的学校上学,伯蒂就留在家里成为"教养很好的、纯洁虔诚的、感情丰富的"适合担任爷爷曾经作过的首相职务,并继续推动改革的神圣工作的人。这话是后来成为罗素朋友的哲学家乔治·桑塔耶纳说的。对孩子来说,这绝不是舒适的生活。每天早上起来要洗冷水澡,接着在没有暖气的房间练习钢琴。水果、糖、巧克力,甚至舒适的椅子都是不允许的,祈祷是强制性的,比最传统的家庭还要更加频繁。因为罗素的奶奶是让人窒息的、诱人犯规的、虔诚的人。在他12岁生日的时候,罗素收到奶奶的礼物,是一本《圣经》。上面写着她最喜欢的话:"你不要听从民众去作恶,不要害怕也不要惊慌,因为不管你到哪里,上帝与你同在。"出人意料的结果是在体质上和思想上罗素确实更强壮了,但是在感情上几乎让他残疾。

小时候罗素没有几个年龄相仿的伙伴,他在斯坦利家的表兄弟,一群唧唧喳喳喧闹的孩子像他的哥哥弗兰克一样让他警惕,而不是让他喜欢。相反,神经过敏的老姑娘姑姑阿加莎和写赞美诗的叔叔若罗成为在里士满指导他的老师。在这个阴沉安静的家庭里,金钱、性,尤其是由于谋杀了两个人被关进收容所的威利叔叔的命运都是从不涉及的禁忌。但是对这种疯狂是否会遗传的担心折磨了罗素的一生。因为有女家庭教师和辅导员,罗素非常依赖女教师,可以自由地同她交谈,不久就显示出智慧天才。11岁的时候,罗素在弗兰克激发下表现出对数学奥秘的热情。罗素对弗兰克没有证明欧几里得的《几何原本》问题非常失望,同时也非常着迷,坚持必须想当然地接受。罗素因此发现了一个崭新的世界。他后来写道:"这是我一生中的重大事件,就像初恋一样让人眩晕。我从来没有想到世界竟有如此美妙的东西。"几个月后,罗素遇上一个信仰不可知论的老师,但是这个老师很快被赶走了。因为家人担心罗素的信仰会遭到破坏,不过已经太晚了。这个聪明的小孩越来越质疑一切。当罗素向奶奶表现这样的怀疑的时候,奶奶就笑着奚落他,"什么是思想?就是不在乎。什么是不在乎?就是别多想。"罗素回忆说同样的话重复15次到16次后就不再有趣了。因此,他把对伦理和不道德的怀疑保存在心中,用希腊语写在日记里以防有人偷看。

在潘布鲁克的生活对罗素具有决定性的影响。在爷爷的书房里,罗素可以找到自由思想家的著作如马基雅维利、斯威夫特、吉本、拜伦、穆勒,还有他最喜欢的诗人雪莱。有时候还有尊贵的来访者。有一次当所有女士都离开饭桌之后,罗素自己接待了格莱斯顿首相。这个老先生只问了句"这个罐很好,但是他们为什么用玻璃酒杯倒酒?"不过上了年纪的贵客很少能补偿没有快乐伙伴的缺陷。罗素后来写道:"从青春期以后我就被孤独的痛苦所折磨,我知道爱情是唯一治疗的办法。"但是朋友们注意到一辈子都在反叛的罗素说到英国政府的时候总是用"我们"而不是"他们"。

1883年，若罗叔叔结了婚并在瑟利山恒赫德附近住了下来。在去拜访他的时候，17岁的罗素遇见了住在福莱德山的富有的贵格派教徒美国人史密斯一家。他们的家庭丰富多彩，父亲罗伯特已经放弃传教因为他对自己教区妇女的爱更多的是性而不是精神上的。罗伯特的妻子汉娜是个"休眠的虐待狂和宗教狂的混合体"，1895年对王尔德的审判后曾建议把他骟了。他们的儿子劳根成为文学爱好者，而大女儿玛丽正准备离开自己的首任丈夫，投奔艺术史家伯纳德·贝伦森的怀抱。罗素爱上了腼腆的小女儿阿莉丝·皮尔索尔·史密斯。阿莉丝蓝眼睛，细腰，性格温和，思想深刻，比罗素大5岁，是美国布林莫尔女子学院的毕业生。她并没有立刻回报他的爱，但是当她真心爱上罗素之后，感情就经久不衰，到了80岁仍然无望地等着罗素。不过这时候罗素对她的感情却三缄其口。

1890年，这个"孤独、腼腆、认真的年轻人"拿了数学奖学金到剑桥大学三一学院上学（罗素在1907年写道他选择数学是因为它"饱含真理和最高级的美——冷峻和朴实的美，就像雕塑"）。剑桥大学成为给罗素带来"无穷快乐的新世界"，他可以和那些对"思想冒险的整个世界"感兴趣的人通宵谈话。在他认识的新朋友中有特福莱恩兄弟，其中一个是历史学家乔治，后来成为三一学院的院长，他帮助罗素回到学院。还有一个道德高尚正直的哲学家摩尔，罗素很快就赢得了他的尊重但是从来没有得到过他的喜欢，因为摩尔第一个看出罗素缺乏人情的本质。罗素被选为一个有名的辩论俱乐部的成员。就在这个时候他仍然很朴实，沙丁鱼、三明治是他们的主要食品，只是后来当里顿·斯特拉奇和约翰·梅纳德·凯恩斯加入之后才有了同性恋的气氛。剑桥总体上说对罗素非常合适，就像一双"手套"，它扔掉了童年时代残存的基督教特征，让他完全融入欢快的大神论的空气。罗素无法长期抛弃的是对"现实最普遍特征的强烈的激情"。年轻人对柏拉图神秘数学的先驱者毕达哥拉斯的热情慢慢地消失在"毕达格拉斯的后退中"。罗素对确定性的热爱决定了他后来对数学逻辑基础的探索。

1893年，罗素得了第一名，由于不满意课堂讲授的"虚假的小把戏和精巧的玩意"，转而学习哲学这个"夹在宗教和哲学之间的无主之地"，第二年又拿了个第一。当时的英国哲学被黑格尔的唯心主义哲学所控制，认为整个宇宙，不管是思想还是物质都是不可分开的，像果冻，摇动一个部分，其他得跟着晃动。罗素克服了他的怀疑主义，开始"多多少少相信哲学了"。

1894年，罗素继承了2万英镑（当时是非常大的一笔钱了）使他有能力宣布独立。在此前一年的夏天，他最终向阿莉丝表白了自己的感情。经过多次的追求、交谈、散步、辩论，罗素接受了阿莉丝在许多事情上的激进的观点，尤其是关于女性平等的思想，但是不赞同她对于性接触的厌恶。阿莉丝终于答应嫁给他，他们第一次接吻是在1894年元月的下雪天。罗素第一个亲吻的人是潘布鲁克的女仆，后来他还一再坚持，并在违背女方意愿的情况下亲吻了人家的胸脯。

如果说阿莉丝的父母对这个婚姻有疑虑的话，罗素老太太可能更吃惊这个"孩子掠夺者和下层冒险家"偷走了自己心爱的伯蒂。她已经想好了破坏他们结婚的计划，请来医生告诉罗素他们家族的癫狂遗传病，让他非常震惊。罗素保证他们会采取避孕措施。老太太又想出另外一个方法，要他光宗耀祖担任公职。这个要求对罗素影响很大，他一直为究竟是搞政治还是搞学术而苦恼。最后他决定当3个月英国驻巴黎大使的随从，家人希望他会因为长期不见面而淡忘这个不般配的美国人。可是根本没有用，罗素讨厌巴黎世纪末的特征，只急于和阿莉丝见面。罗素也对外交工作感到厌烦，和法国外交部的人争吵到底虾是不是应该被看作鱼类。他给阿莉丝写的许多信都表现出结婚前的热情和低三下四。10月15日他写道："不要害怕我要把你变成抽象的思想家，你本质上来说不是，你可能希望每天看几个小时的历史或经济方面的书。"

  阿莉丝收到这样的信不时要哭出来，但是在1894年12月13日他们要结婚的那天，罗素接受了不以为然的贵格派结婚仪式，虽然许多亲戚都避免参加。他们到荷兰和德国蜜月旅行，罗素现在可以没有任何心理负担地过性生活了。这是他结婚最重要的理由，和当时许多男人的想法一样，虽然他发现阿莉丝的法兰绒睡衣是激情杀手。罗素在感情上和经济上都是安全的，没有必要做任何工作，即使在他1895年10月被选为三一学院研究员以后。但是懒惰从来不是罗素的缺点。到德国的另一次访问促使他1896年出版了第一本书《德国社会民主》。他后来说"我对这本书不是很感兴趣，因为我已经决定研究数理哲学了。"但是让人惊讶的是对马克思主义的看法（当时社会民主党是半马克思主义者），他认为马克思的经济理论是有问题的，指出马克思的真正吸引力来自突出科学的智慧地位和巨大神话或宗教的感情张力的结合,这比海报上闪烁的列宁和斯大林早几十年。该书有个附录叫作"德国的妇女问题",是阿莉丝写的,因此该书成为他们夫妇合作的结晶。

在后来的14年里,罗素的精力从政治学转向深刻研究数学和逻辑。经过多年的努力,罗素出版了他的杰作,如《数学原理》和《自然哲学的数学原理》。罗素试图从全新的逻辑的角度研究数学。到了1898年他彻底抛弃了黑格尔唯心主义,并因此感觉到"大解放,就好像我从一个闷热的屋子里跑出,来到狂风呼啸的高地",开始转向接受摩尔的经验论世界观,认为世界是个"一连串的射击"。罗素在写《数学原理》的时候速度非常快,在1900年一下子就完成了20万字,不过写作过程中他意识到面对的智慧问题,尤其是"罗素悖论"[用非数学的简单语言来说就是艾皮米尼地斯(Epimenides)做的密语,即凡是说所有克里特人(Cretans)都是撒谎者的克里特人都是撒谎者]。

罗素接下来关于数理逻辑的书更伟大,那是他和以前的老师,现在的朋友怀特海合写的。他们本来认为需要一两年就可完成,可实际上花了几乎十年的时间。有时候罗素花一整天盯着白纸一个字也写不出来。1910年至1913年的数学三部曲的手稿是这么多、这么重,以至于得用马车把它们运往剑桥大学出版社。里面全是让人恐怖的数学难题,后来罗素开玩笑说世界上只有6个人看过并理解这些难题。这些书没有给作者带来任何经济上的好处,但是确立了作者在知识界的声誉,被看作从2200年前的亚里士多德以来对逻辑的最大贡献。虽然罗素否认其纯粹的哲学和大众化写作之间的联系,但是其社会和政治批评家的权威地位最终是建立在这些里程碑式的著作上的，即使没有多少人真正读这些书。罗素获得诺贝尔奖不是因为他在1930年为心灵出版社写的书，像《谁可以用口红？》或《社会主义者应该抽好的雪茄烟吗？》之类。现在他觉得有资格对人类面临的几乎所有问题发表看法。

罗素第一部受欢迎的著作是《自由人的信仰》，是在他1902年和现在的亲家贝瑞森夫妇待在意大利的时候写的，罗素的女儿玛丽嫁给了伯纳德，"其目的是为非宗教人士提供智慧上可以接受的安慰"。该书帝王般的抒情语调和贝瑞森的唯美主义大师佩特风格的散文相吻合，"要放弃追求个人幸福，排除一切稍纵即逝的欲望，强烈渴望永恒的东西，这就是自由人的信仰。"不过该书也显示了罗素自身生活中遭受的折磨，随着他学术生涯的突飞猛进，感情生活却日益萎缩。怀特海和年轻、漂亮、活泼的妻子埃芙琳一起住在格兰切斯特，罗素在剑桥的时候经常到他们家里拜访，并且与埃芙琳有了神秘的暧昧关系。在1901年聆听了欧里庇得斯的悲剧《希坡律陀》返回后，他发现埃芙琳患有心脏病：

她好像通过愤怒的围墙把自己和所有人分开，人人都感到的孤独感一下子涌上我的心头。我感到脚下的土地突然之间消失了，来到一个完全不同的地方。我发现自己充满了对美丽的神秘感情，像佛祖一样强烈渴望找到一种哲学以便让生活更容易忍受。

罗素没有提到他对埃芙琳没有表白的感情，但是这个感情非常强烈，已经完全替代了他对妻子阿莉丝的爱。他在远非坦率真诚的自传里写道:"我有次下午骑车,突然意识到我不再爱阿莉丝了。在此之前我从来没有认识到我对她的爱已经减少,这个发现产生了非常严重的问题。"虽然他描述的自行车事件许多人未必相信,但是可以肯定的是其婚姻对两个人来说都是难以忍受的了。罗素竭力压制对阿莉丝越来越强烈的厌恶,不再和她同居,而且当他试图进行性生活的时候往往阳痿不举,只好尽可能躲避她。在他三十多岁的时候就经受十年之久的禁欲和感情沙漠,只有拼命工作方能让他保持清醒,免于自杀。

阿莉丝同样也很痛苦,她渴望尽快死去,可是她惊讶地发现胸脯上的肿瘤不是癌症。罗素毫无怜悯之心地实话告诉她,因为他认为哲学家就应该这样。罗素冷冷地写道:"我们已经谈到了爱情的死亡,第二天阿莉丝从看护中心回来,在卧室里大声地伤心地哭泣,而我在门旁边的桌子前工作。啊,真是可怜。我的心肠是多么冷酷啊,听任她哭泣无动于衷。"

罗素并没有失去对政治的兴趣,反而从中找到了摆脱婚姻痛苦的途径。他是社会主义者韦伯夫妇的老朋友,费边社的同情者,虽然其观点更多属于自由主义而不是社会主义。由于坚定支持妇女选举权,罗素在 1907 年英国议会选举中没有能赢得温布尔登席位。在选举活动中有人把老鼠放出来,有人还向阿莉丝扔鸡蛋。虽然有人认为罗素从事政治活动就像"刮胡刀片被用来砍树",他还是在 1910 年元月的大选中再次积极投入,尽力为自由派菲利普·莫瑞尔竞选。他们观点相似,而且还有些交情,莫瑞尔张狂的妻子奥特林女士和罗素已经是老相识了。奥特林在 1909 年 9 月的日记里写道:"我敢说从来没有遇见过这么有魅力的人，这么机敏，眼光深邃，智力超群。"罗素也注意到她的修长的脸，漂亮的头发，让他着迷的浓浓的化妆品和香水味。

1911年，罗素到巴黎开会途中到伦敦莫瑞尔的家中吃饭，菲利普不在家。在别的客人离开后，罗素留下来与女主人谈了几个小时，"突然之间压抑的情感就像决堤的洪水奔腾起来，我发现自己狂热地爱上了奥特林"。奥特林"对他这种感情的表白措手不及，就好像他是从坟墓里爬出来似的。我的想象力被吹走了，但是我的心没有"。第二天在去巴黎的火车上罗素写了给奥特林的第一封情书（总共有2000封之多），不仅详细描述了他的爱情而且还谈了与其他男人如维特根斯坦的关系。

奥特林是罗素最伟大的、最可敬的情人。个子比哲学家还高，加上大帽子、围巾和浪漫的衣服让她的形象更加突出。从1915年起，她在牛津郡的加星屯庄园隆重招待的客人都是文学艺术界的名流，包括布鲁姆斯伯里派。里顿·斯特拉奇喜欢蹒跚跟在她的后面，许多客人以吻她的手回报她的热情款待。劳伦斯在《恋爱中的女人》中，赫胥黎在《那些贫瘠的叶子》中都曾经嘲弄过她。也许奥特林过分张扬了，但是对罗素来说，她就是解放的化身，正如罗素在情书中表明的，"啊，我的心啊，我为你疼痛，我觉得好像无法经受明天和你接吻的幸福。不管我走到哪里，你总是和我在一起，就像留在心里的音乐。"这些情书刚开始的时候几乎一个小时就写一封。奥特林从来没有这么被恭维过，用罗素的女儿凯特的话说，"她嘲弄他。当他不再讨厌漂亮的东西和刺鼻的香水后，就故意用这些东西刺激他的感官。奥特林和他的其他情人不同，因为他崇拜她"。

奥特林这时候正和画家亨利·兰姆以及艺术批评家罗杰·弗莱打得火热。她喜欢艺术，当然仍和能够容忍的丈夫同床共枕。罗素原先以为她会放弃一切包括她的女儿，但是他失望地发现根本不可能。奥特林和这个哲学家一样性格倔强，如果不说极端自私的话，决心确保其婚姻不受影响。在很多方面他们都差别很大，所以其爱情遇到很多问题。比如罗素为她而激动不已的时候，奥特林虽然欣赏其思想深刻，却觉得罗素缺乏魅力，根本谈不上英俊，消瘦、个矮、大鼻子，而且还有严重的口臭。因而，他们的恋爱主要是通过写信而不是见面完成的。

更大的差别是宗教信仰。奥特林在小时候是个虔诚的基督徒，仍然神秘地倾向信仰基督，而被她称为"思想的逻辑机器"的罗素却难以接受这一点。即便如此，罗素对奥特林还是表现出正常情人的特征，掐着钟表期待她的到来，分手的时候痛苦不堪。赫胥黎的名言"文化修养高，床上功夫低"可能就是心里想着罗素的时候造出来的。罗素也从诗歌和音乐中重新找到了快乐，甚至曾想放弃哲学当小说家。他写的小说《约翰夫斯体丝的困惑》表明了他文学上的缺陷，因此他放弃了。而罗素1912年为母校图书馆写的"廉价畅销书"《哲学问题》却大获成功。书的开头是"有没有什么知识这么肯定，根本就没有人理智地怀疑过？"这个问题刚开始好像不难，但实际上非常难。除了这个问题，这本薄书还探讨了其他哲学问题。像罗素的其他著作一样，追求确定性和通俗化但并不琐碎化。

1911年1月，在剑桥大学，罗素遇见了来自奥地利的聪明年轻人维特根斯坦，这个人对他的著作和生活都产生了像奥特林一样大的影响。维特根斯坦不喜欢在曼彻斯特学习工程，却着迷于阅读罗素的《数学原理》，在德国哲学家哥特洛布·弗雷格的建议下，他找到罗素，希望得到帮助做出非常痛苦的选择。放弃工程改学哲学肯定让家教甚严的商人父亲很是生气。刚开始罗素对维特根斯坦采取居高临下的态度，洋洋自得。他在写给奥特林的信中说："他就像戴了盔甲，可以抵挡理性的攻击。和他谈话纯粹是浪费时间。"不过很快就改变态度，赞美维特根斯坦"有文学天赋，音乐悟性高，而且非常聪明"。维特根斯坦在维也纳过圣诞假期的时候，写了篇文章进一步向罗素证明了他的天才。不久罗素写道："在和他讨论问题的时候，我要竭尽全力才能保持和他平等，我喜欢他，觉得他能够解答我已经老得做不出来的问题（他还不到四十呢）。他的理论激情非常强烈。他并不想证明是什么或不是什么，只想找到事物的本来样子。"维特根斯坦对《数学原理》的审美意识非常欣赏，这个罕见的情形让罗素非常感动。在 1912 年 7 月，罗素邀请维特根斯坦的姐姐赫米尼来剑桥看看，说他相信"你的弟弟在哲学上有巨大的飞跃"。

维特根斯坦从罗素的学生几乎一跃成为他的主人。这个事实罗素巧妙地承认了，当维特根斯坦批评 1913 年罗素开始的新书《知识的理论》后，罗素真的放弃了该书的写作计划。后来他写道，"我觉得他是对的，我不能指望在哲学上取得根本的进步了。"当他读了维特根斯坦 1920 年写的《逻辑哲学论》后，这个意识得到了强化。这本书得以出版是由于罗素撰写序言介绍维特根斯坦，称赞他追求真理而忽略技巧，批评他缺乏洞察力。

如果罗素在追求真理上心胸开阔、真诚慷慨的话，在别的地方就表现得非常糟糕了，也许是相互弥补的缘故吧。对奥特林的爱已经拨去了长期压抑的强大的力比多瓶塞，但是她现在只想让他们的关系变成柏拉图式的，这让罗素非常沮丧，他开始到处拈花惹草。1914年春天，美国演讲旅行给他留下了比较好的印象。但是对在哈佛读哲学的年轻的艾略特来说，罗素不是圣人而是殉道者。艾略特描述罗素为"灌木丛中的普里阿波斯对摇摆的女人垂涎欲滴"。

尽管对美国的生活高调他不屑一顾，讽刺哈佛只是一个"小地方"，但是罗素至少喜欢其中的一个人。他的芝加哥主人的女儿海伦·杜德莱，一个28岁的布林·莫尔学院和牛津的高才生。他们相爱并同居，海伦相信他们已经订婚了，虽然罗素和阿莉丝的婚姻关系还没有解除。罗素鼓励她随他一起返回英国，要知道在当时跨大西洋航行是昂贵和艰难的。海伦来到英国，而罗素仍在试图重新点燃他和奥特林的旧情。因为海伦没有多少钱，罗素就建议她和莫瑞斯夫妇住在一起。海伦刚开始对罗素和奥特林的暧昧关系一点也不知道，奥特林被迫照看这个神经兮兮的情敌。罗素只是想"摆脱这个可怕的复杂关系的纠缠"。但是他继续和海伦住在一起，海伦对奥特林说罗素告诉奥特林他和海伦的关系已经结束了。当罗素和奥特林在位于布鲁姆斯伯里的罗素房间里时，海伦会过来大声地砸门。他只有一次开了门，给了她一杯水，但是从来没有让她进来过。海伦最终伤心欲绝回到美国，精神崩溃，身体瘫痪。罗素在其《自传》里简短地说"我伤透了她的心"。

个人激情暂时退居第二位，因为8月份第一次世界大战爆发造成公众的仇恨。原来温和平静的人一下子变成了激情澎湃的狂热分子——包括德国腊肠犬都害怕第五纵队的破坏——罗素为此感到震惊，而且永远地改变了对人类本性的认识。由于崇拜德国文化，他开始不相信这场战争会得到多数英国人的支持。但是这个多数人包括老朋友怀特海和三一学院的人，1916年该学院开除了罗素。

这时候，罗素为"征兵忌避同盟"（1916年元月出现）工作，编辑其会刊《法庭》。他写道："看着那么多的年轻人登上开往索姆的列车被屠杀，我感到痛心，就好像自己被绑在现实世界中与痛苦结成奇怪的婚姻。"记录了他态度上的巨大变化。在1916年早期他发表了8篇演讲，出版了《社会改造原理》，谈论的不仅是战争问题而且还有国家的作用，本能与理智的关系，以及早期的教育、婚姻和家庭等问题。这些文章都很精彩，有深度。罗素现在认为资本主义和国家主义是战争的根源，鼓吹社会主义的世界政府，但是没有给出如何实现这个理想任何线索。他的用国际力量替换英国和德国的海军的观点遭到数百万人的憎恨。《展望》杂志上一片狂怒的评论，谴责这本书是"纯粹胡说八道"让他非常开心。

由于表现出宣传鼓动家的意外天赋罗素成了政府最激烈的批评者，积极的反对者，并因此被关进监狱。1916年，他承认写传单为尽职的反对者辩护，被判处罚款或坐牢。他告诉奥特林，这正是他想得到的，不用付钱。法院却判定没收他的著作，他的朋友们把他的书都买回来还给他。但是他的行为越来越多地受到限制，不能访问美国，也不能到英国的某些地方。所有这些让他成为反战的英雄，虽然他坐牢的实际原因几乎是无足轻重的。

1917年，罗素在加星屯过圣诞节，半开玩笑地建议美国部队开往欧洲是要来对付英国的罢工者，在法庭上还一再重复这个荒唐的说法。由于批评英国"与美国的特殊关系"被判处六个月的监禁。但是由于多方的努力，他被关进比较舒服的第一监狱，有自己单独的牢房，另外一个囚犯专门为他打扫房间。罗素在里面可以写不引起争议的话题（虽然反对在他看来是自相残杀的战争，罗素并不是一个和平主义者）。他承认有些时候战争是必要的，至少是可以辩护的，比如他认为导致北美土著居民灭绝的战争促成了西方文明的传播。他认为西方文明是人类最伟大的成就，在当时这个观点并不是不受欢迎的。

罗素从监狱里出来的时候，战争已经接近尾声。走在喧闹的庆祝停战节的人群中罗素感到更加的孤独。46岁的他不担心工作，也不担心家庭，而是要考虑接下来做什么，和谁一起做。罗素的战争岁月并不是禁欲的。1915年，罗素认识并显然是勾引了诗人艾略特新婚不久的妻子薇薇安·艾略特，他们的关系好像已经遇到了麻烦，艾略特特别缺钱，罗素就在经济上非常慷慨地帮助他们。当然不是作为回报，他和薇薇安睡觉，因为艾略特漫不经心地把她交给罗素照顾。罗素甚至在艾略特不在家的时候住在人家夫妇的伦敦公寓里。奥特林说罗素为薇薇安购买"丝绸内衣和各种小东西。"赫胥黎称赞她美丽动人,是"挑逗的化身",不过感情非常不稳定。尽管格雷厄姆·格林认为"艾略特夫人被罗素始乱终弃"是因为她自己缺乏头脑的说法过分简单化了,但是罗素因为厌烦,突然中断他们之间的暧昧关系显然损害了薇薇安本来就脆弱的精神健康。艾略特夫人最后的18年不情愿地被哥哥和丈夫强行安排住在精神病院里。

罗素还有后果更加严重的感情纠葛——除了薇薇安,仍然保持关系的奥特林,还和康斯坦斯·玛丽森夫人有关系。这个女人是个演员并自称科利特·奥尼尔,是个有温顺丈夫的贵族美女。科利特风骚迷人,情人很多。罗素曾非常气愤地写道:"科利特同时与几个不同的男人周旋的本领是惊人的。"不过他们的联系保持了几十年,经常重温旧情。

对现在已经接近50岁的罗素来说,爱子女的欲望非常强烈,他希望找到一个人将来成为自己孩子的母亲。罗素最后选中的妇女是个剑桥的老师道拉·勃拉克:聪明,果断,比他小22岁,很想要孩子但对婚姻不怎么热情的社会主义者。罗素以便于保护他的贵族爵位等原因坚持要求结婚,虽然道拉对被称为女伯爵的前景非常蔑视,但还是同意结婚。那是个公开的婚礼,当时非常罕见。罗素写道:"我们都觉得婚姻应该包容小事情,我们订立了个合同把所有事情都写进去。但是我规定如果她生了一个别人的孩子,我们就离婚。"顺从的阿莉丝同意离婚,道拉和罗素在1921年9月27日结婚。

到这时候,罗素已经访问了俄国和中国。他在中国巡回演讲一年之久,爱上了当时受到严重威胁的中国古典高雅的贵族文化。但是他对布尔什维克俄国的感情完全不同。1920年罗素满怀期待来到这里，同时欢迎1917年的两场革命，在离开的时候却非常厌恶。罗素得到列宁1个小时的接见，发现"列宁的举止和装束没有一点权威的样子，常常大笑，刚开始的笑好像很友好，很开心，渐渐地他发现成了奸笑"。罗素不能同意苏维埃领导人在听到下属汇报说地主被绞死在最近的树上时兴高采烈的样子。从俄国一回来，罗素就对奥特林说："布尔什维克是封闭的暴虐的官僚体系，它的特务系统比沙皇时期更厉害更发达，它的贵族阶层同样冷漠和傲慢。"罗素反对俄国共产主义在当时的西方知识分子中间是非常罕见的，这个观念主导了他的世界观40年之久。罗素的妻子道拉就不同，到苏联朝拜过，对苏联真心向往。

　　罗素的第一个孩子约翰出生于1921年11月，让他享受了老来得子的幸福。他复兴了驾敞篷马车在伦敦巡游的贵族传统，向人们炫耀他的妻子和刚出生的儿子。罗素一直在思考现代社会如何抚养孩子。然而他对卢梭的《爱弥儿》不感兴趣，反而对蒙特梭里和巴甫洛夫的观点印象深刻。当然对他影响更大的是美国行为主义学家华生，此人的观点占据了罗素1926年的《论教育》的核心：

　　性格教育必须在出生时就开始，而且需要改变母亲和无知的护士的许多做法。所有的母亲都希望孩子睡觉，因为对健康有好处又让她们省心。她们还总结出一些窍门：晃摇篮或唱催眠曲。男性来研究科学的育儿方法，发现这纯粹是错误的，会养成孩子糟糕的习惯。小孩子远比大人想象的狡猾，如果他们发现哭闹能得到令人满意的结果，他们就哭闹。有些观点看来好像满不通人情，但是经验显示它们对孩子的健康和幸福有好处。

"谁的经验？"多年后罗素的女儿凯特问道。"反正不是我的，不管是作为孩子还是作为母亲。"凯特1923年出生，常常被认为是可有可无的，反而让她成为罗素两个孩子中比较坚强的一个。

由于注重性格塑造，孩子们的早年生活往往是很开心的。夏天一般都在位于康沃尔的海边小屋Carn Voel度过，这里成为凯特的乐园。罗素每天在这里写文章、写书（他的遗产已经送给艾略特夫妇和别人了）。有些书如《原子入门》将他非常熟悉的领域通俗化，另外有些如《论教育》表达了更多的傲慢而不是眼光。罗素写得非常快，"一页又一页的不停地写，根本不用修改"，凯特回忆说，从来不用删掉什么。下午则到海边，快乐地享受"观看两个健康快乐的孩子享受海边、石头、阳光、海浪的幸福"。这是他一生中最幸福的时光。但是即使在这里，他仍然不能放弃创造一个"无所畏惧的自由一代"的追求。他开始用行为主义者的技巧帮助小约翰克服对大海的恐惧，罗素自豪地记录"一连两个星期我们每天都把他浸到齐脖子那样深的海里，尽管他又哭又叫又挣扎。这样他的恐惧每天都减少一点，虽然恐惧并没有完全消失，但是可能是由于自尊心给压住了吧"。但是凯特后来说："我父亲是个心地善良的人，可是他教育孩子的方式对他们的心灵造成了残忍的伤害。"

随着孩子们逐渐长大，罗素决定创立自己的小学校——对哲学家来说这是个奇怪的工作，但是却符合他实用主义的逻辑。罗素的哥哥弗兰克把苏塞克斯山的电报所租给他，在1927年他们搬了进去，希望给他们的孩子别样的教育，在不牺牲感情需要的情况下追求智力发展，结果却事与愿违。罗素隐藏在塔楼里面，通过谈论历史、数学、科学和宗教吸引他的年轻听众，他甚至能巧妙地把高深的智慧讲给小孩子听懂。由于他挑选非正统的老师，这个学校里的教学质量是绝对一流的。但是在学校管理方面一塌糊涂，对小学生糟糕行为的处理上也是很不适当的。

凯特记得"作为其中一个孩子，没有特别的地位，模糊地觉得不怎么快乐"，但是她的哥哥可受罪了。没有限制的欺负和取笑让约翰变得歇斯底里、沉默寡言，不再与人交往。他年龄小，在别人看来又受到父母的宠爱。罗素后来承认"放任孩子自由等于是建立起恐怖的统治，强大的人总是让弱小者战栗和痛苦"。他不得不放弃鼓吹孩子的解放，承担起校长这个令人讨厌的角色。许多孩子就是捣蛋鬼，往往是被其他学校开除后才到这里来的。道拉自己又独立支撑了十年左右，她比较果断和坚定，坚持要求学生在睡觉的时候不能关窗户，床上不能有两条以上的毛毯，不管天气有多冷。很自然的，学生经常生病，约翰在1929年差点死掉。

电报所学校除了学生交的学费外还需要别的经费，因此罗素在写作之余重新开始演讲旅行。有这么一个知名的校长，加上操场上乱跑的光屁股孩子，学校很快就名声在外了。据说前来采访的记者发现一个光屁股孩子开门后，惊叹道"我的上帝"，可孩子告诉他这里没有上帝。学生之间发生性关系的传闻更是满天飞，不过这并不是捕风捉影。密切相关的事实是罗素的婚姻关系越来越紧张。当罗素在1924年到美国演讲旅行的时候，道拉开始在政治上谋求发展。罗素在代表工党的选举中连续两次取得胜利，他是在1914年后临时加入工党的。现在她要竞选这个难以取得胜利的切尔西的席位（赢得比罗素还多的选票），她主要鼓吹在当时几乎是非法的避孕。在这个时候她认识了工党积极分子罗伊·兰德尔并和他一起睡觉，因为自由恋爱是她的核心信念。

刚开始并没有灾难性后果，虽然罗素妒火中烧。在1925年罗素就阳痿不举了，这是精力衰竭的征兆，而不是身体健康问题。罗素还和一个年轻美丽的瑞士老师发生恋情，这个行为被同事们纷纷效仿。罗素夫妇在学校的卧室的门晚上可能开了又关，但是出于对孩子们的考虑还是决定维持这个婚姻的存在。罗素在《婚姻遇道德》（1929）中写道"婚外情在我看来不能成为离婚的理由"，并试图证明自己的理论：摧毁婚姻的罪魁不是不忠实而是妒忌（该书尽管没有赞颂乱交，但是明显攻击基督教的性态度，主张婚外情以减轻夫妇间的冲突）。罗素对出于相互爱慕忠诚和喜悦没有说半个不字，这点在1928年被坚信夫妇必须忠实于对方的小说家约翰·考珀·波伊斯拿来与罗素进行关于婚姻的辩论。

道拉在1928年到美国巡回演讲时，疯狂爱上了共产主义同情者双性恋冒险家格里芬·巴理，而且这个人还跟着她回到欧洲，和她一起去里维埃拉。这件事超出了罗素可以容忍的限度，道拉还浑然不觉。罗素不能对道拉怀上巴理的孩子无动于衷。这孩子1930年7月出生，起名为哈利特，用罗素的姓，这让罗素非常恼火。他花了几年的时间让她的名字从传记资料上消失，表明了他感情上的态度。后来巴理的另外一个孩子出生，不过这时候道拉已经迷恋上了巴理从前的浪荡情人保罗·吉拉德，此人自称是共产党分子，但主要的时间都花在酒吧里。罗素本来准备好容忍巴理的，但是对这个"同性恋间谍醉鬼"忍无可忍，咒骂不已。他们的婚姻终于在相互的憎恨中倒塌。

与此同时，罗素爱上在1930年帮忙照看罗素孩子的牛津大学本科生，被称为"彼得"的派屈西亚·斯彭斯，她当时只有20岁（比罗素小38岁），身材高挑，美丽动人。凯特刚开始很喜欢她，回忆说"是我见过的最漂亮的女人了，非常有趣，热爱生活"。她和罗素在1936年结婚。彼得更像新伯爵（因为罗素在1931年弗兰克死后就继承了这个爵位）的纪念品妻子。虽然她偶尔帮助他做些工作，但是罗素的朋友们赞美她的优雅而不是她的思想。遭受父母离婚的小孩子不可避免地经常两边跑，由于大人之间关系紧张、相互仇恨，对孩子也没有好脸色，更别提挂在嘴边的理性和仁慈了。罗素对他的前妻充满蔑视和愤恨，在法律问题上耍尽手腕，只要有可能就用孩子来对付她。约翰对母亲忠诚，越来越自闭，凯特有点内疚，因为嫌母亲那儿太吵闹，更喜欢现在罗素和彼得居住的学校里的优雅环境。彼得对居家摆设非常讲究，知道如何安排主要由维特根斯坦设计的家具，达到朴素典雅的效果。1934年，两个孩子都进了德文郡凯特非常喜欢的达灵顿学校。她回忆说："它让我保持明智和清醒，陶冶了我的情操，提供了一个稳定的环境。"

20世纪30年代对罗素来说是糟糕的十年。正如他的书显示的，《教育和社会秩序》（1932）提供了一个半专制主义的教育观点，几乎主张柏拉图式的把人分为统治者和被统治者，表明他对自己创立的学校的幻灭。在《科学的人生观》（1931）中罗素凄凉地预计将来的世界将由技术官僚控制，所有的人类自由都要消失。他的科学错误主义观被卡尔·波普尔接受，而关于技术官僚暴政的观点被马尔库塞和哈贝马斯等60年代的激进分子导师所接受［罗素在这个时候指控赫胥黎在《美丽新世界》中剽窃他的观点，但是赫胥黎的反乌托邦小说讽刺了一代乌托邦分子。如果有先驱的话，应该是扎米亚京的《我们》（1920）］。由于离婚赡养费的负担，厌烦无休止的写作，加上其投资在1929年华尔街金融危机中消失殆尽，罗素决定返回经院哲学，先到剑桥大学，在那里摩尔对他非常冷淡，后来到哈佛，再到牛津，从1937年到1938年之间担任了一些课程。具有讽刺意味的是，尽管他的《数学原理》在战争期间非常有影响，但是罗素本人现在有点过时了，因为他忽视了最近的变化。最后得到芝加哥一所大学的聘书，于是和彼得一起乘船来到美国，同行的还有1938年9月慕尼黑危机时出生的小儿子康拉德。在1939年8月纳粹和苏联签订条约的时候，罗素主张对希特勒采取绥靖政策，他的和平主张基于对战争的恐怖和对纳粹德国的无知。1936年他曾在《怎样得到和平？》中敦促甘地的不合作运动推广到德国，后来这本书的版权给别人了。

罗素的美国经历很不愉快地结束了。由于担心英国不安全，罗素以自己独特的爱国方式——在1939年他把凯特和约翰送到加州,当时他在加州大学洛杉矶分校教书。罗素非常喜欢UCLA但是不喜欢它的校长,所以当纽约市立大学给他职位的时候就愉快地告诉校方离去的打算,但是这个决定后来证明对其职业生涯是很鲁莽的。在合同还没有批准的时候,蓬勃开展了一场运动,就像天主教杂志《美国人》说的"阻止主张社会乱交的、乏味的、离婚的堕落者通过讲授逻辑和数学来教唆美国的青年"。宗教偏执狂的疯狂合唱明显针对罗素在《婚姻和道德》中的顽皮观点。从司法上讲他已经不适合担任哲学教授的工作。罗素没有了工作,实际上一文不名。就在这时奇怪的亿万富翁阿尔弗雷德·巴恩斯以巴恩斯基金会的名义来帮助他,聘请他讲哲学史,付钱让他们迁居到宾夕法尼亚。

如果说罗素从前的表现像当代苏格拉底一样坚决捍卫思想和性的自由,现在他表现出来的却是偏见和盲从。远非"幸福和自由"的成长,这些大孩子变成了精神紧张的青年,儿子约翰还遇到了同性恋的麻烦。约翰试图用告示板的方式拐弯抹角地告诉家人,有天晚上他在告示板上面写了"约翰他是同性恋",但罗素只当是开玩笑,因为他和当时普遍的想法一样认为同性恋是父母教育不当的结果,自己的儿子怎么可能是同性恋者呢?凯特和约翰很快就开心了,因为父母的关系非常紧张,他们可以离开这个家。彼得对和一个比自己大38岁的丈夫过贫穷的生活感到非常厌烦,开始和别的男人来往,罗素对此睁一眼闭一眼。巴恩斯解雇了罗素,因为这个亿万富翁发现有篇文章把他和罗素进行比较。罗素把演讲稿修改后在1946年以《西方哲学史》为名出版。学界攻击该书依赖第二手资料,常常有随意的概括,关于康德、黑格尔、尼采等的章节明显有偏见,对这些重要人物的论述也不够深入。而且很奇怪的是里面还有专门一章讲诗人中最缺乏思想的拜伦的。该书读起来引人入胜,不时冒出精辟的观点和偏见,可能比任何别的书更能吸引更多的人了解哲学。

突然之间,官方温暖的阳光重新照耀在这个上了年纪的哲学家身上。剑桥三一学院为他提供了研究员的职位,1944年,他回到从任何意义上讲都是家的地方。现在他成了现行体制的宠儿,定期到英国广播公司做节目,为英国文化委员会在比利时、瑞士、挪威以及澳大利亚等地演讲,由于吸烟,他被安排坐在飞机的后面差点在空难中丧命。在1949年的时候,他得到荣誉勋章,是获得这个荣誉的24人之一。罗素一直都担心苏联对自由的威胁,发现当局和他观点一致都希望建立铁幕将欧洲和苏联分开。但是罗素超过了五角大楼的任何一个鹰派人物,建议美国立即使用原子武器进行先发制人的核战争。罗素在1945年10月在广岛轰炸两个月后说,"在我看来,更愿意用原子弹造成的破坏和混乱而不是拥有纳粹特征的政府对世界的控制"。后来他承认这样的战争可能伤害5亿人,让文明倒退几个世纪,但是他觉得这个代价是值得的。但是苏联在1949年爆炸了第一颗原子弹后他改变了主意。罗素的思想开始向别的方向退缩,不久就否认曾经鼓吹过核战争。

罗素针对公共事务的观点并没有给学界同行留下深刻印象,他在剑桥的讲课也一样,他的《西方哲学史》就更不用说了。

维特根斯坦现在是哲学教授，自从他们在1921年奥地利最后一次见面后就不再是朋友了，虽然罗素不情愿地同意和摩尔一起指导维特根斯坦1929年的博士论文。维特根斯坦认为罗素在1913年以来发表的所有著作都是恶劣的，糟透了。他说罗素伟大的数学著作每个哲学家都应该读读，但是后来的作品根本不值一看。罗素则对维特根斯坦后来的哲学不接受，也不愿意去理解。这种相互蔑视是1946年发生著名的扑克事件的背景。通常情况下，两人都避免相见，罗素也很少去看望摩尔。虽然上课的时候学生总是很多，罗素在剑桥时思想上是孤独的。

罗素的私生活又一次陷入危机。彼得由于科利特重新出现在罗素的爱情生活中而醋性大发，在1948年终于离开了他。但这只是她离开罗素的一个原因。作家布雷南·杰拉德的妻子甘梅尔实际上在罗素的视野之内，虽然他还没有幸运得手。罗素同样没有得手的还有一个剑桥年轻讲师的妻子，虽然他同时写了很多求爱的信。罗素作为"哲学瘦马的名声一直保持到年纪很大的时候，到处寻找理想的女人。正如一个朋友评论的，罗素一直在寻找同时具备克丽奥佩特拉、阿斯帕齐娅、包迪西亚、圣女贞德的美貌与智慧的女人，但是这根本就是不可能的。"彼得带着康拉德走了，罗素有20年时间没有再见过自己的小儿子。

同时，罗素对道拉的怨恨阻碍了他们积极配合、尽力治疗约翰越来越严重的问题。1946年，可能是为了克服同性恋的毛病，约翰和苏珊·林塞仓促地结了婚。不久他们就生了两个女儿，加上苏珊前面的孩子，总共三个。但是约翰喜爱文学，是不能养家糊口的人,所以1950年罗素在里士满的家为约翰一家提供了一座房子。

按照苏珊的说法,她崇拜英雄般的"爹爹",在某种程度上对他了解得很多,80多岁的哲学家现在又开始引诱儿媳妇。虽然证据不是很清楚,但是可以肯定的是两人的亲密关系没有能帮助约翰,苏珊最后还是投奔了作家克里斯多夫·华兹华斯。到1954年后期,约翰已经疯掉了,罗素一直担心的家族遗传再次浮上台面。罗素再也不去看约翰,完全甩给几乎身无分文的道拉。罗素希望得到约翰的永久身份,想违背约翰的意愿将他关在精神病院里,但是没有成功。在此后的生活中,约翰主要和母亲生活在一起,没有得到彻底治疗,精神一直不正常。但是罗素愿意看望自己的孙女,尤其喜欢年龄最小,聪明伶俐的璐西。

家庭的灾难并没有玷污罗素这个赫赫有名的公众人物。诺贝尔奖更证明了他的显赫地位。1954年,全世界都在聆听罗素在电台发表的演说,在这个"人类的危险"演讲中他指出由于氢弹的爆炸核战争的威胁日益严重,最后他慷慨激昂地说,"我个人向全人类呼吁:牢记你的人性,忘掉其他。如果能够做到这一点,通向新天堂的路就是敞开的,如果做不到,我们全完蛋,谁也不会留下"。漂亮的言辞后面跟着就是行动。罗素抓住印度总理尼赫鲁1955年路过伦敦的机会,让他宣传自己的观点,尼赫鲁表示同情和支持。后来他们邀请爱因斯坦和其他五位诺贝尔获奖者签署了罗素-爱因斯坦宣言,这是爱因斯坦生前所做的最后一件事。宣言呼吁和平解决国际危机,铁幕两边的科学家会晤。这些开始于1957年的加拿大的帕格沃什，因此称为帕格沃什会议。罗素作为会议主席连续发挥积极作用帮助达成《部分禁止核试验条约》（1964）。罗素在1958年还成为新的"核裁军运动"的首任主席，组织欢快前往奥尔德玛斯顿（Aldermaston核试验室）的游行。他用启示录的语调描述说连帽风雪大衣、胡子、吉他、和平的善良愿望对解决危机是不够的。在1960年的时候，罗素加入百人会，辞去CND的主席职务，专门从事直接的非法活动。矛盾的是，活动开始影响英国的公众舆论。

这个百人会由一个留着奇怪胡子的美国年轻学生拉尔夫·舒曼发起组织。1960年，舒曼来到罗素的家里时，嘴唇上没有胡子。给罗素留下深刻印象的与其说是他的智慧或思想，不如说是他充沛的精力和迷人魅力。此人后来成了负责罗素出版事务的秘书，并因而代表罗素在几乎每个政治问题上发言。舒曼好像具有罗素的许多邪恶的天才，家人都称呼他为"罗素的毒蛇"。但实际上舒曼取代了约翰在罗素心中的位置，成了罗素的儿子。舒曼吸引罗素的秘诀就是讨好他，奉承他，满足这个上了年纪哲学家的虚荣心。这种虚荣心在罗素最后几年里日益膨胀，和他发表的严肃认真的声明非常不协调。1962年，在罗素90岁生日的时候，舒曼在皇家歌厅组织了一个音乐会，赞美"伯蒂真是个完美的人，没有缺憾，没有吝啬，没有渺小，没有仇恨，只有爱"。罗素面对这样的赞美当然傻呵呵地笑。

罗素本来准备平等对待两边的领袖，就像在1957年《新政治家》中给美苏领导人的公开信中一样，可是现在他把美国当作了全球的侵略者。部分的原因是罗素的和平倡议从苏联共产主义者那里得到比美国更多、更热情的回应。但同时也反映了罗素越来越接受舒曼的新左派观点，一个时髦的主义和托洛茨基主义的结合体。夸张的描述首先出现在1961年，在群众集会中罗素指出英国首相麦克米伦和美国总统肯尼迪比希特勒更邪恶。9月份，由于在特拉法加广场静坐示威的群众集会上鼓吹非暴力不合作被关进监狱。罗素实际上在医院的病房里关了一个星期的禁闭，阅读推理小说和史达尔夫人的传记。但是这个事件让接近90岁高龄的哲学家成了全世界的英雄。受到这次成功的鼓励，罗素在1962年10月，世界最接近核战争危险的古巴导弹危机中试图再次发挥作用。罗素给美苏两国的领袖发电报、发传单，很可能是由舒曼执笔。只有赫鲁晓夫回应了。开头是"你要死了，为什么？因为富裕的美国人不喜欢古巴人喜欢的政府"。罗素消除危机的努力没有看得见的影响，不过老朋友和帕格沃什的同事约瑟夫·罗特布莱特还是惊讶地发现，这个世界最伟大思想家竟然赤裸裸地宣传。

罗素很清楚祖父曾经做过首相（两次），加上舒曼的怂恿，他认定人类继续生存的希望就寄托在自己的行动上。为了筹集行动的费用，他在1963年成立了罗素和平基金会，呼吁人民捐款支持。罗素还决定出版长期以来的构想"自传"，出售其文章和信件。这些最后被加拿大的麦克麦斯特大学购买。

罗素攻击的主要目标是美国的越南战争，而美国几乎所有的敌人都得到了他的称赞。罗素支持中国的毛泽东、古巴的卡斯特罗，以及在拉丁美洲进行游击战争的切·格瓦拉。为了把人民的注意力吸引到越南战争的罪行上来，罗素同意共同成立"国际战争罪行法庭"。谁都不会惊讶，该法庭1967年在斯德哥尔摩声称美国人犯下了像希特勒一样屠杀人民的罪行。罗素没有参加这个会议。舒曼参加了，但他发现自己被更清醒的外来者如萨特抢去了风头。所有这些在当时都是被人嘲弄的，虽然有些指控确实非常准确。宣言的刺耳语调让包括罗素的女儿凯特在内的许多西方人感到陌生。罗素的公众形象从一个圣人堕落为衰老的疯子。1966年8月15日的文章《目击者》这样写道：

伯特兰·罗素在大西洋上游泳：这是个让人震惊的业绩，94岁的哲学家，"和平的欢快之旅"昨天起在两个小时的时间内横渡大西洋。消息以特别报道的方式从舒曼出版局发出。

罗素的私人生活是幸福的。在1952年他第四次结婚，也是最后一次。相识多年的美国妇女伊迪丝·芬奇为罗素提供了迫切需要的稳定和支持。他们迁居到临近北威尔士的波特梅恩山庄普拉斯佩林，一个有山有水的好地方。在这里他们为孙子孙女们提供了幸福的家庭生活，不过孩子们亲近忠诚的对象不同。敬爱的祖父、约翰、道拉，他们的父亲和祖母等复杂的关系破坏了约翰和凯特的生活（罗素在1958年后只见过约翰一次）。在1969年11月，长期不堪忍受舒曼古怪行为的伊迪丝劝说丈夫宣读和签署声明——从1966年起脱离与该秘书的关系。舒曼因为被很多国家驱逐出境，现在用假护照旅行。这是不真实的，因为罗素知道舒曼的行为，并表示支持，但是后来在遗嘱中把舒曼排除了。

罗素的生命在1970年2月2日平静地结束，但是他造成的苦难仍然继续，身后留下了两个痛苦的前妻，一个再也没有清醒过来的精神分裂的儿子约翰，一个被认为是精神分裂的孙女萨拉。另一个孙女璐西曾经很好而且崇拜自己的爷爷但是在达廷顿碰上感情问题，考试不及格。也许因为擅长文学，却选择了数学，也许因为家族的原因。璐西在和一个年轻的摩洛哥商店小偷（主要偷书——弗佑斯书局是主要受害者）谈恋爱后彻底失去了爷爷的喜爱。在1966年罗素切断了与她的联系，并拒绝提供经济支持。因为还不到18岁，被家庭成员排斥，璐西实际上成了无家可归的人，过着流浪困惑的生活，动不动在精神病院里待一段时间，1975年以非常恐怖的方式自杀。她在康沃尔郡的一个公墓自焚。只有罗素的小儿子康拉德逃脱了罗素家族的命运，他违背当时仍然愤怒不已的母亲的意愿，在1968年后期来普拉斯佩林看望父亲。这让罗素非常高兴，尤其是当他发现康拉德哲学知识丰富，至少有了可以与他畅谈哲学的儿子时。这第五代伯爵美满幸福的婚姻生活显然和父亲的生活形成鲜明的对比。

"当我和普通人交谈的时候，我感觉是在使用小孩子的语言，这让我感到孤独。"罗素曾在1915年对奥特林诉苦。她不同情罗素是有原因的。在加星屯和罗素来往的都是当时最聪明的人物如里顿·斯特拉奇、赫胥黎、艾略特以及约翰·梅纳德·凯恩斯等，所以他不必抱怨没有思想的火花蹦出。他的孤独还表现在这个时期的照片上，他腰杆笔挺站在加星屯的花园里，身穿的暗色三件套装领子笔挺，而别的客人都穿法兰绒休闲服，有的甚至穿着洗澡时的衣服，这个特点他后来也没有改变。一张照片显示1932年他和大群的家庭成员在法国的昂代海滩，别人穿着游泳衣，而他身着深色西装和领带，戴着一顶草帽，这是唯一向夏天屈服的让步。罗素仍然保持着维多利亚时期的风格，以追求完美过时的方式著称。有人曾经问他为什么在被介绍的时候总是从腰部弯曲鞠躬，他说他不知道还能从别的什么地方鞠躬。但是即使维多利亚时代的人也有放松的时候，罗素在信仰上绝不是维多利亚时代的人。现在许多想当然的关于性和社会的观点都是由他首次提出的。他的孤独和固执来自别的东西。

整个一生中罗素都被潜意识的恐惧所折磨，正如他最后承认的，"这个同样的恐惧多年来让我避免投入的感情和生活，我尽可能地用轻率的举动调和我刻板的学者生活"，他在自传中写道。凯特非常遗憾她的父亲没有阅读弗洛伊德，那样的话，弗洛伊德会鼓励他寻找潜意识的动机，这或许是他害怕或不愿意寻找的东西吧。也许作出最深刻到位分析的可能是劳伦斯。在许多方面他们两个都是对立的极端，两人在加星屯一见如故并同意在1915年合作写书。但是劳伦斯讨厌所看到的剑桥大学的生活。凯恩斯不知什么原因穿着睡衣来到罗素身边，这让劳伦斯对罗素大发雷霆，写信攻击已经处于麻烦中的哲学家：

你只不过压抑了极其强烈的欲望，极端粗暴和反社会的特征在反对战争的幌子下发泄出来。正如一个参加过你会议的女士对我说的，"我觉得非常奇怪，罗素在谈论和平和爱情的时候，面孔竟然那么的恐怖，他肯定言不由衷。"你的身上充满了被压抑的邪恶想法，一旦爆发就是十足的色魔和暴虐分子。

正如这个尼采的英国学生凭直觉观察到的，一再重复的世界和平和爱情却奇怪地出自内心激烈冲突的人之口，没有哪个研究人类行为的数学家能够控制。

第五章

路德维希·维特根斯坦(1889—1951)——愤怒的禁欲主义者

上帝来了:他坐 5 点 15 分的火车。

——凯恩斯(1929)

"不要思考，要看。"这个建议是维特根斯坦在《哲学研究》中谈到文字的使用时说的，但是它同样可以用在理解他自己的生活和影响上。思考维特根斯坦就好像在思考上帝一样，有一种匍匐在他面前的冲动，他的智慧是如此高大，看看这个人本身收获可能更大。

无可争议的是，维特根斯坦是现代哲学中具有开创性影响的人物，也许是20世纪最伟大、最极端的思想家，但是他也是一个需要非常小心来接近的人物。一般来讲，每一个伟大的哲学家都为哲学开辟了新的方向，让人吃惊的是维特根斯坦做到了两次，要不是他早早去世说不定还能再做一次。他在1922年出版的薄薄的格言式哲学著作《逻辑哲学论》马上在维也纳的哲学家圈子里引起轰动，这个运动被称为逻辑实证主义。

虽然维特根斯坦对他的哲学追随者没有耐心，但是他觉得自己的哲学书已经解决了所有哲学问题，他就开始去做别的事情了，在不同时期当过小学教师、园丁和建筑师。

他的哲学天才从一开始研究哲学后马上就被发现了。在1911年认识罗素只有几个星期的他就被罗素称为"我所见过传统上的天才中最完美的例子，热情，深刻，强烈，控制力强。"罗素刚开始是他在剑桥大学喜欢的导师，后来成为让人敬畏的同事，最后成为不共戴天的仇敌。伟大的经济学家凯恩斯在思想上绝不是无能之辈，后来更简练地指出"上帝已经来了，他乘5：15的火车。"维特根斯坦死后名声越来越大，即使对他的观点一无所知的人也知道他是魅力无穷、绝不妥协的天才。关于他的书籍一本又一本地出现，德里克·加曼甚至不同寻常地拍摄了维特根斯坦的传记影片。其第二本哲学著作《哲学研究》的影响在他死后才被感受到，第三本不怎么有名的著作也仍然在影响着思想界。

维特根斯坦的魅力来自他的坚定信念——自己绝对是正确的，而和他观点不一致的人肯定是错的、缺乏智慧的，或者精神上是软弱的。其清晰、流畅、说服力强的思想尤其让人们折服。维特根斯坦的第一部也是最著名的著作《逻辑哲学论》的开头名言是"世界是一切实况之所示。"设定了对语言功能的认真和系统的定义的议题。在他定义了能够说清楚的东西后指出"凡是不能谈论的东西，就必须保持沉默"。因而阻止了别人发表意见或超越他讲的内容，部分因为这是数学家头脑思考的结果，用无可挑剔的逻辑进行分析。但是这是否意味着语言不能够处理生活中的真实问题呢？他的最后结论可以被视为给神秘主义提供土壤的挑战。而维特根斯坦在维也纳圈子里以及盎格鲁·萨克逊逻辑实证主义的崇拜者普遍认为凡是不能谈论的东西就不值得考虑。

但是维特根斯坦的最大影响不管是生前还是死后都来自他个人本身，而不是他的著作。维特根斯坦本人就像他的书一样，谜一般的神秘莫测。尽管瘦小单薄，但是在聚会的时候毫无例外都是主角，深陷的蓝眼睛热情地盯着你，巨大光亮的脑门上纵横交错的皱纹密密麻麻像棋盘一样。在这样的聚会上，经常看到他由于别人的愚蠢而失去耐心发火。有时候激动不已，浑身颤抖，甚至导致暴力行为。维特根斯坦承认"当我对某些事情忍无可忍的时候，我会捶打地板，或用我的拐杖打树"。他不愿对人发火，倾向于通过性格的力量或逻辑的力量说服听众。

维特根斯坦20世纪30和40年代在剑桥大学先做讲师，后来做哲学教授，吸引了一大批忠诚的、热爱他的学生。他们不仅聆听他的教诲，还模仿他的言谈举止，比如穿橡胶帆布鞋，花呢上装，白色开领衬衫，吃素食，睡硬板床。他们甚至模仿他在新想法出现时敲着脑门说"哎呀"的样子。这些模仿往往是无意识的，当然模仿这些要比理解他高深的思想容易得多。有个本科生西迦普非常鲁莽地选择维特根斯坦作为自己的导师，长期的密切接触使他放弃哲学将近50年时间。他后来说维特根斯坦是个"原子弹，是飓风"。那个时期剑桥大学还有一个学生约翰·维纳罗特描述他的老师为"智慧的热情所燃烧"。有些人公开表达出对他的崇拜。后来成为学者的芬德烈回忆说：40岁的他看着像20岁的年轻人，如上帝般英俊、纯洁、神圣，超凡脱俗。看上去就像阿波罗或者巴尔德尔从塑像中走出，来到人间。他就是哲学界的太阳。

有些人并不这样敬畏他。40年代末期同样在剑桥工作，曾在英国谍报中心做破译项目工作的聪明的语言学家葛雷·鲁卡斯，认为维特根斯坦是个哲学骗子，虽然承认"他是个绝对高明的模仿者，他可以用可笑的奥地利方言模仿各种各样的谈话口音、腔调和风格。他选错了职业,应该去当喜剧演员。"20年代维也纳逻辑实证学派的重要人物卡尔纳普对维特根斯坦作为维也纳早期的思想家非常失望。他说"他对人民和问题的态度表明他更像宗教预言家或占卜者",无意中点明了维特根斯坦隐藏的宗教色彩。

哲学家们很少被看作预言家或者占卜者,甚至禁欲苦行者。他们许多喜欢宴会、美酒和谈话,甚至女人,如果能够控制自己激情的话。但是也有少数人,对人类的脆弱非常不耐烦,好像来自布道坛慷慨激昂地发表演说诅咒那些不守规矩的人。他们看起来像20世纪的西多会修士西多风格修道院创立者克勒沃的伯纳德,主张禁欲,反对在教堂或修道院里搞豪华装修和布置,就差说装修是犯罪了。伯纳德总是睡在石头床上,床就放在开着的窗子下面。他穿最粗糙的衣服,对反对者如彼得·阿布莱德的激烈指控,保持高傲的态度,可能因为他来自贵族家庭。维特根斯坦以他自己特有的方式表现出了同样的特点。

维特根斯坦家族有四分之三的犹太血统,但是信仰天主教,在维也纳不仅以巨额的财富而且也以出色的文化修养出名,即使以20世纪早期维也纳的标准来衡量的话。维也纳的天才和神经病层出不穷,如弗洛伊德、马勒、勋伯格、霍夫曼斯塔尔、穆齐尔、克里姆和科科施卡等。维特根斯坦的父亲卡尔是个非常成功的商人,创立和壮大了维也纳钢铁公司,几乎垄断了庞大的奥匈帝国的钢铁生产,成为当时世界上最最有钱的人。卡尔利用在美国学到的冷酷手腕创立了自己的经济帝国后,退休了。接着在他1913年去世前不久,他用难以匹敌的超前眼光把巨额的家族财产转移到国外，主要到了美国。在第一次世界大战期间，卡尔的弟弟路德维希用剩下的家产买了土地。这些措施保证了维特根斯坦家族几乎绝无仅有地逃脱了1918年后席卷中欧的严重通货膨胀危机。这场危机摧毁了绝大部分中产阶级家庭，对过去旧秩序的破坏远远大于战争本身。当路德维希在1913年继承属于自己的家产的时候，他被认为是欧洲最有钱的年轻人。在1920年，维特根斯坦家族的财富达到2亿美元，也许相当于现在的40倍之多。

维特根斯坦在维也纳的家是座庞大的、豪华装修得被别人称为"林荫大道"的宫殿。虽然谨慎的家族成员从不说是"维特根斯坦家的宫殿"。里面的房子排成纵列依次打开，下面是漂亮的大理石台阶。维特根斯坦后来回忆说这个宫殿里有7架巨大的钢琴，虽然多数人只记得4架。勃拉姆斯是个常客，他的"单簧管五重奏"就是1891年在这里首次公演的。

勃拉姆斯还教这家的长子汉斯音乐。路德维希没有办法竞争，因为长期以来他被看作数学家或工程师，即便如此，据说他能哼唱整首协奏曲，让旁观者惊叹不已，后来他成了技艺高超的业余黑管手。其他著名的音乐人包括G. 马勒，R. 施特劳斯，P. 卡萨尔斯和已经是维也纳歌剧院副作曲家的B. 瓦尔特。这些音乐大家来维特根斯坦家就像到王子的宫殿里一样。勃拉姆斯曾说"该家庭成员的言行举止简直就像在王宫里。"

卡尔·维特根斯坦有时候喜欢和哈布斯堡朝廷对着干，而且赞助由克里姆领导的维也纳分离主义运动艺术家们。在1908年，克里姆画了一幅路德维希的妹妹玛格丽特·斯通伯洛的著名画像。在她结婚以后，这幅画让她非常惊讶而不是高兴，她很快就把它藏在阁楼里。维特根斯坦家族还在维也纳拥有几处别的房子，在从维也纳开车需要一个小时路程的霍赫莱斯有别墅，周围都是高大树木。他们都有全球的眼光，其他主要的工业巨子如卡耐基和克虏伯比奥地利那些有称号的贵族厉害多了。维特根斯坦家族维持自己的传统，在他们无可挑剔的举止背后隐藏着异常的傲慢。

这个王朝的财富和卓越都是要付出代价的。卡尔·维特根斯坦这个统治一切的权威在家里也是说一不二。对待自己的五个孩子他有时候简直就是暴君。路德维希作为最小的儿子格外得到宠爱，而且慢慢地被家人认为是最聪明的孩子。也许卡尔很自然地想让儿子们继承自己的事业当工程师或做生意，但是孩子们有自己的主意。长子汉斯是个音乐天才，在12岁公开演奏赢得满堂彩。路德维希后来回忆说他的哥哥在家里每天早上很早起来，独个练琴没完没了。汉斯显然决心成为专业音乐家，但是在父亲的压力下进入商界。由于吸毒成瘾，加上无法适应商界的运作，1902年在他26岁的时候从船上跳海身亡。三儿子鲁道夫在1904年自杀。另外一个儿子库特（Kurt）在第一次世界大战结束的时候自杀，据说因为他的部队没有能跟随他上战场。

维特根斯坦常常想到自杀，部分来源于他遭受性欲的折磨。他的两个哥哥都才华出众，自杀身亡，只有库特是个相对比较随和的人，没有遭受才华出众的困扰，维特根斯坦曾经有段时期受同性恋的困扰，这在当时是大逆不道的事情。显然他从乱交中不能得到快乐，因为他的日记显示一再下决心要回避这些事，但是总也做不到。或许维特根斯坦认真的天性促使他决心从性接触中退缩，但是无法摆脱本能的一再诱惑。显然他也保存着基督徒强烈的传统观念，认为性是丑恶的。像家庭其他成员一样，他接受的是天主教的洗礼，为了避免越来越恶劣的反对犹太人的倾向，他从来没有摆脱天主教徒对所有婚姻以外的性的否定态度。不过值得注意的是，维特根斯坦从来没有公开地驳斥或攻击天主教（1919年，罗素在经过了五年的战争岁月后在海牙见到他，发现"他完全陷入神秘主义，正在认真考虑是否要当和尚。"这成为两人彼此感到陌生的开始。维特根斯坦也不喜欢罗素为《逻辑哲学论》英文版写的序言，认为他没有理由地误解了自己的意思）。

对于年轻的维特根斯坦来说最重要的作者不是天主教徒，而是1903年在维也纳自杀的年轻作家华宁盖尔。这个人只写了一本书《性与性格》，这本书现在看起来非常荒唐，但在当时被许多人包括《西方的没落》的作者斯宾格勒认为在精神上、文化上和性上的观点深刻有道理。书中表现出来的厌女症和反犹太人气息证实了华宁盖尔的思想倾向来自柏拉图的理论，即所有的人都是异性恋的，两性都如此。只有男性的特征被鼓励，因为它显然比女性优越。一个女人除了当母亲或做妓女以外，没有任何别的用处。女同性恋者更男性化，因而比异性恋女性更好，但是同性恋的犹太男人是最卑劣的男人。华宁盖尔本人是犹太人又是同性恋者，也许可以解释为什么他的自杀对维特根斯坦吸引力这么大。但是给年轻的维特根斯坦留下最深印象的是华宁盖尔对尤其是男女之间的性爱的拒绝。这是对神圣的心灵之爱的背离，因为上帝在我心中。生活中唯一值得做的事就是证明自己是天才，除此之外，自杀就成了唯一体面的做法了。维特根斯坦后来把华宁盖尔列为和罗素、弗雷格、叔本华等对他生活产生重要影响的人物。对于精神剧烈动荡的十多岁的年轻人来说这个人的影响很难说是积极的。

卡尔·维特根斯坦在认定无法将长子和次子培养成为工程师后，将目标锁定在幼子路德维希身上，希望他继承家业。因此路德维希先被送到柏林，1908年又被送到以工程闻名的曼彻斯特学习工程。维特根斯坦显然继承了部分父亲搞工程的基因，是个容易激动的、才华出众的学生，曾在飞机发动机的前身空气推进研究方面做了非常重要的工作。但是他越来越对数理哲学感兴趣。在曼彻斯特维特根斯坦发现了罗素的《数学原理》，对试图证明"数学基本上是建立在逻辑基础上的"非常感兴趣。在伟大的德国逻辑学家弗雷格的建议下，1911年秋维特根斯坦决定到剑桥大学跟着罗素研究哲学。

维特根斯坦决定从工程转向哲学对家族生意没有用处，因而加深了他和父亲间的冲突，也让他已经存在的神经质进一步恶化。有一天罗素见维特根斯坦在房间里一连几个小时来回踱步，就问他"你在想逻辑问题还是你的罪过呢？"维特根斯坦带有典型的挑衅性地回答说"都想"。罗素就担心自己学说的继承人、曾经有段时间当儿子看待的、最聪明的学生可能会疯掉。罗素在1912年12月写道"维特根斯坦处在崩溃的边缘，离自杀不远了"。后来补充说这个奥地利人缺乏"足够广泛的好奇心,或充足的愿望对世界进行广泛的调查。这种好奇心缺乏不会妨碍他研究逻辑,但是会让他成为思想狭隘的专家。"实际上,维特根斯坦到位于挪威的小房子独自度过1913—1914年的冬天,深入地思考但是写的东西很少。

罗素的评价是在写给文学修养最高的情人奥特林·莫瑞尔的信中提出的,这个女人让承受了多年寂寞的独身生活的枯燥哲学家有了人性,帮助他学会欣赏生活、艺术、音乐,以及更重要的宴饮交际。罗素在给她的信中显示了对维特根斯坦单调的感情生活表现出少有的温情。奥特林则从来没有崇拜他,虽然欣赏罗素的才华,但是作为公爵的妹妹,她对同等社会地位的罗素有太多的不以为然。维特根斯坦则从来没有找到在智慧上或社会地位上与他相当的女人。在1914年之前,他深深地迷上了一个年轻快乐的英国本科生,来自中产阶级的大卫·平森特,在1912年用最豪华的方式带她到冰岛游玩。平森特可能从来没有想到朋友对她的真实感情,当然也就没有任何反应。平森特在1918年的空难中不幸丧生的消息加剧了维特根斯坦自杀的倾向。《逻辑哲学论》这本书就是献给平森特的。

1914年,战争爆发让维特根斯坦的死亡欲望找到了发泄口。他马上报名参军,虽然他的身体状况(双疝气)很容易免除他服兵役的义务。1920年,他告诉学校的同事马丁·希莱特说这么做就是希望牺牲在战场上省得再考虑自杀。在第一次世界大战期间,无论在波兰前线还是后来意大利前线,维特根斯坦都冲锋在前,英勇顽强,几次获得勋章,所以听到罗素的和平主义后,非常瞧不起他。但是像许多不知不觉卷入冲突的人一样,他缺乏享受婚姻光荣的欲望。相反他一再读托尔斯泰的深深的浸透了弃绝肉体的《福音书速览》。托尔斯泰说:"人的肉体是没有力量的,但是因为精神而获得自由。"维特根斯坦热切地接受了俄国作家的不情愿的结论:所有的性都是和精神生活相冲突的,好像和华宁盖尔的教诲相吻合。他的战时笔记充满了基督教宗教色彩浓厚的祈祷和思考。他也在认真阅读叔本华的著作,他非常喜欢以至于他的《逻辑哲学论》开头几行就是模仿叔本华的忧郁的代表作《作为表象和意志的世界》。

在意大利被关进监狱一段时间(完成了《逻辑哲学论》的写作)后,维特根斯坦在1919年8月回到故乡维也纳,比以前更不开心了。这时候他作出两个让家人震惊的决定:第一,要当老师,不是大学老师而是小学老师。在1920年,他实际上搬到丑陋、贫穷的小山村特拉滕巴赫村以逃避尘世的纷扰。维特根斯坦来到深山荒野的举动,部分原因可能是逃避维也纳的性诱惑,这个是他一生都无法回避的问题。按照1960年在维也纳采访了很多人的美国哲学家巴特利三世的说法,维特根斯坦在这个时期参加教师培训,放肆地在维也纳最大的公园乱搞同性恋。让他吃惊的是,维特根斯坦发现自己沉溺其中,无法自拔。一周好几个晚上他都离开家到公园去鬼混,每次都让他对自己充满了仇恨。当然,有人对巴特利的这种说法提出质疑。

维特根斯坦的伟大传记作家瑞伊·蒙克对这些指控不置可否,只是强调哲学家是同性恋者,维特根斯坦确实精神动荡不定。1920年4月,他在写给朋友保罗·恩格尔曼的信中表现出对自己的厌恶。"最近事情变得非常糟糕,就是因为我的卑劣和堕落。我一直想结束自己的生命，这个想法至今仍然挥之不去。我已经坠入深渊。"完全否认他屈服于诱惑是不全面的。维特根斯坦的第二个决定是在逃离喧嚣的大都市之前要求将他的巨额遗产分配给活着的兄弟姐妹，这更让人吃惊。

这种对世俗财富的惊人放弃让人很自然想起，可能也是有意让人，或者让他自己想起圣方济或佛祖之类的圣人，当他们开始自己的精神追求的时候都抛弃了世俗的财富。维特根斯坦从前习惯于出入豪华的酒店，如今却成了著名的禁欲者。后来他在剑桥的房子里只有帆布椅子（学校里配备的糟糕的、不舒服的玩意）和一张小桌子。在他死后《泰晤士报》发表的讣告里说"维特根斯坦显示了深思默想型宗教隐士的特征"。但是这个隐士有欧洲最有钱的家族的经济支持作保证，如果需要的话，他姐姐和活着的哥哥保罗随时愿意在经济上资助他。

维特根斯坦的侄子托马斯·伯恩哈德对他放弃遗产不以为然，评论说"作为乡村小学教师的亿万富翁肯定是个变态狂"。

如果说变态狂，那正是维特根斯坦典型的简单思维决定了的角色。40年后，巴特利发现那个村子里的许多村民仍然记得这个古怪的老师，又敬畏，又困惑，又喜欢。战后的岁月对多数奥地利人来说都是最困难的时期，维特根斯坦尽自己最大的努力帮助村民克服困难，虽然这样的艰苦对他个人来说不算什么。有段时间，他爬上布满积雪的高山上为学生摘野果，在当时是难得的奢侈品。豪华的生活是他竭力避免的，基本上不喝可可。还有个时期他搬进学校的小厨房，在那里为自己搭个小床，按照他的学生乔治·伯格的说法，从窗户处望天上的星星一连几个时。当地工厂里的蒸汽机发生故障的时候,维特根斯坦的工程师本领派上了用场,很快修好了它,让村里人惊讶不已。

维特根斯坦的讲课方式很新颖,每天用两个小时的数学开始,包括小学生不需要学的微积分,对于聪明的学生来说,维特根斯坦赞许的目光让在学校的一天都很温暖。即使放学后,如果维特根斯坦继续讲解的时候,仍然有学生愿意留下来就是证据,照片显示维特根斯坦非常慈爱地看着自己的学生。但是对数学不好的学生,那就是另外一回事了,他常常大发雷霆。有个女生因为没有听明白,被老师狠狠地抓头发,力气大得足以拽掉头发。另外一个学生被狠狠地殴打,连耳朵后面都流血了。奥地利的村民不反对体罚学生尤其是调皮的男孩子,但是对于女生就不同了。人们并不期待女生非得学好数学不可。而且就算体罚,也应该有限度,维特根斯坦那样缺乏耐心,动不动就发火是违反规定的错误行为。

维特根斯坦的教师生涯在1926年4月突然结束,而且非常丢脸。维特根斯坦对一个生病的学生约瑟夫·海德鲍尔动粗,用力太大把孩子打伤并被送到医院里,维特根斯坦吓坏了,赶紧从这个村子逃跑。在后来的审讯调查中,他撒谎说并没有过度使用暴力(但是认为维特根斯坦从殴打学生中得到性快感是完全错误的,他不是虐待狂)。性情暴躁的老师没有被罚款。但是没有什么能比维特根斯坦对自己双重失败的后悔更折磨他的了:没有能控制自己的脾气,更重要的是,没有能说实话。这对于一贯诚实的他来说,尤其恼火。

现在随着教师插曲的结束，日益成熟的听众在等着维特根斯坦的到来了。维也纳的逻辑实证主义者圈子都认为《逻辑哲学论》是神圣的著作，早就渴望目睹神一样的领袖风采，但是这个愿望长期以来都无法实现。他们首先感到失望。维特根斯坦非常狼狈地回到维也纳，刚开始在维也纳附近的修道院做园丁，一度曾想过当修士。然而修道院长怀疑他的动机不纯，拒绝了他的请求。维特根斯坦后来帮助自己的姐姐玛格丽特设计了房子，尽管真正的建筑师是伟大的阿道夫·洛斯的学生保罗·恩格尔曼。维特根斯坦是个非常挑剔的设计师，如果他觉得位置不对的话，就算只差几厘米，他都会坚持要求移动暖气装置，而且在最后一分钟要求其中一个房间的天花板提高几毫米。房间为正方形，没有任何装饰，整体的氛围实现了他的"某种冷峻"风格，但是对包豪斯风格的许多崇拜者来说这种朴素让人惊讶，这样的风格让人想起他的《逻辑哲学论》。

维特根斯坦的《逻辑哲学论》用简洁的、预言家式的句子写成，涵盖数学、逻辑、逻辑真理、形而上学、表现论、唯我论、神秘主义等，总共75页。它的标号非常简单，但是每个标题都被更小的标题修饰。比如：

1. 世界就是所有为真的一切。

1.1 世界是所有事实，而非事物的总和。

1.11 世界是由事实决定的，并且由全部事实所决定。

1.12 因为事实的综合既断定了什么是真的，也断定了什么不是真的。

接着继续主要的标号讨论点，每个都展开用副标题强调。

2. 那些为真的事实，是由原子事实组成的。

3. 事实的逻辑图片是思想。

整本书都是这样展开，让人疑惑的简单和逻辑上的精确。然而奇怪的是，结束的时候用了不同的语调：

4. 对于不能谈论的，就必须保持沉默。

由罗素和弗雷格开拓的这个简练的、无所不知的逻辑原产主义影响力惊人，在维也纳非常受推崇，后来扩展到非英语国家，因为它好像给出了所有哲学问题的完整、简练的答案。维特根斯坦没有任何过度的谦虚，他说"因此我认为所有的问题基本上都解决了。"但是几乎所有的逻辑实证主义都忽略而不是排除了维特根斯坦留下来没有给出结论的最后的问题：推翻前面所有命题的神秘主义。

当维特根斯坦在1927年终于加入维也纳圈子的讨论时，他对其中的很多人没有耐心，部分原因可能是他的势利眼，他发现这群人举止穿着粗俗，没有品位。只有那个在1936年被纳粹学生杀害的"有文化"的人石里克对他有吸引力（但即使这个人后来被维特根斯坦指责抄袭他的观点，而且见谁就向谁重复这个指控）。更重要的是，维特根斯坦的思想从来没有在他的讲课中占据主导地位，实际上他什么也不写，而是以一种不容易交流的形式出现。维特根斯坦已经开始从语言作为图画的理论转向语言可以使用多种不同方式的创造性功能，虽然图画理论给维也纳理论界带来深刻影响。从这个时候起，语言被看作应该观察而不是分析的对象。虽然宣称已经解决了所有哲学问题，但是他承认还有更多的东西需要思考。鲁道夫·卡尔纳普回忆说维特根斯坦不能容忍别人的批评意见,一旦由于灵感的作用得到天才的想法,他给我们留下的印象好像是其观点都是通过神灵的启示得出的。由于发现维也纳人并不热情,维特根斯坦开始面对墙而坐,阅读由泰戈尔写的孟加拉语抒情诗,弄得未来的追随者不知所措。到了1929年剑桥大学把维特根斯坦召回了。

在剑桥大学维特根斯坦轻易地给他的考察者摩尔和罗素留下了深刻的印象。摩尔把他的论文《逻辑哲学论》称为天才的著作,罗素已经开始讨厌维特根斯坦,评价比较暧昧。维特根斯坦拿到博士学位后在三一学院谋到讲师的位置,不久就有了一群追随者。不过很快也树了不少的敌人,不是因为自己的观点,而是因为他口无遮拦的评价。朱利安·贝尔是瓦妮莎和克莱夫·贝尔夫妇的儿子和著名艺术史家安东尼·布伦特(后来臭名昭著的叛国者)的情人,当时还是本科生。贝尔像当时奥地利的同性恋者和共产主义者一样,愿意为了西班牙内战中的共和国而献身。贝尔1933年在《奋斗》杂志上写了一首诗,更好地表达了维特根斯坦的感受:

每次谈话他都对我们喊叫,
不停地,严厉生气地。
打断我们自己大声说,
他是对的,自豪宣称
其学问、逻辑、诡辩大大
超越了形而上学的废话。
虽然我不同意,

但我可怜他。

他的观点的轨迹,

来自躲避享乐的禁欲生活。

在最后的两句中,贝尔击中了维特根斯坦的弱点:狂热。对反对者的大喊大叫和虚假的禁欲主义,让他无法与大学内外的人建立正常的人际关系(维特根斯坦拒绝在教授桌上吃饭,那是大学教师正常生活的一部分。部分因为他不喜欢打领带,部分因为讨厌和学界同行讨论任何智慧上的问题)。当然维特根斯坦也有自己放松的一面,喜欢侦探小说和作家沃登豪斯的作品,但是他的主要爱好还是美国侦探小说,里面有讲话果敢的英雄、搞笑的歹徒,他最喜欢的美国学生哲学家诺曼·马尔科姆往往给他寄这些书。他也喜欢下课后去看电影,喜欢美国的暴力片而不是温和的英国电影,往往坐在第一排,马尔科姆回忆说"电影屏幕占据他的整个视野,让思想从对上课和感情的厌恶中摆脱出来"。他还喜欢给朋友们寄"荒唐的"明信片,有些显示人类荒谬行为的超现实主义味道。

1930年,维特根斯坦生活中的最大事件发生了:他和比他小22岁的数学系学生聪明的弗朗西斯·斯金纳的绯闻。这个学生具备维特根斯坦喜欢的所有消极的优点:腼腆,寡言,温和,谦逊。斯金纳非常崇拜自己的导师,喜欢和他一起在剑桥工作。他甚至在倒茶之后把地板拖一下,那是一种通常的擦地板的方法。斯金纳愿意听从情人的吩咐,尾随维特根斯坦到苏联做体力劳动者。这个奥地利人在1935年的时候参观了一下希望在那里永远住下去(实际上斯金纳身体糟糕根本就不适合旅行)。维特根斯坦认为苏联正在迈向理想社会的政治信念在当时非常普遍。苏联人好像把他列为"有用的白痴",如韦伯夫妇和萧伯纳。但是维特根斯坦对苏联并没有真正的兴趣,吸引他的是俄国的知识分子满意地用自己的手创造出来的准基督教的自我克制。教维特根斯坦学俄语的共产党员费妮雅·帕斯卡后来写道:在我看来,他对俄国的感情更多的和托尔斯泰的道德说教有关,和陀思妥耶夫斯基的精神眼光有关,而不是和政治或社会问题相关。尼采本来也应该能认出这个症状来的。不管怎么说,维特根斯坦的俄国行没有任何结果。

1937年,斯金纳被允许拜访哲学家在挪威难以接近的山上小屋,维特根斯坦的记载中说在那里"和他睡了两三次,往往刚开始感觉没有任何问题,之后就觉得非常丢人。这对他来说不公平,不真诚,急躁,残忍。"这好像是他们的性爱方式。维特根斯坦后来退却了、冷淡了,也许因为有人竟这么不讲任何条件地喜欢他让他觉得恶心,所以他放弃了指导斯金纳学业的工作。

在1936年,斯金纳在他崇拜的偶像说他没有思想家的天赋(别的导师不同意)后,放弃了读书到剑桥教学公司当学徒,意味着一辈子要在工厂工作。斯金纳1941年死于脊髓灰质炎,维特根斯坦为此自责,不过不是谴责自己毁掉了学生的学术前程,而是向他灌输了不纯洁的思想。维特根斯坦还劝说其他学习认真、才华出众的学生,如莫里斯·哲瑞放弃学术追求,去从事体力劳动,结果证明没有一个是正确的。他敦促最聪明的学生约里克·斯密斯去干体力活,结果后者由于非常笨拙后来还得了精神分裂症。维特根斯坦好像把智慧生活从自己的矛盾情绪中卸载到崇拜他的信徒身上，常常导致灾难性的后果。

尽管总是劝说学生退学，维特根斯坦自己却一直待在剑桥大学教书直到1939年战争爆发。因为家境富裕，他在1938年前每年圣诞节都回维也纳看看，维特根斯坦不可能为了区区几个教书的钱继续当教授，能够和同等程度聪明的人一起，在学生中发现一些可造之才是剑桥大学吸引他的地方。在1914年以前，他发现剑桥就是这样一个地方。但是在剑桥工作的第二个阶段，维特根斯坦采用了一个完全与《逻辑哲学论》不同的哲学途径，至少和从笛卡儿起主流的西方思想传统不一样。这个语言途径主要通过观察而不是分析，也就是说要研究语言在上下文中的使用，而不是用理想的标准来测量是否符合事先约定好的功能。

他的第二阶段工作的成果《哲学研究》在1953年最终出版后，在战后的哲学界产生深远的影响。语言的意义不只是用来指外来的事物，而体现在千差万别、各种各样的"人生方式"。如果说《逻辑哲学论》认为世界是"所有的真"，那么在《哲学研究》中语言决定了比我们的想象更加丰富多彩的世界。语言就是它自己，意思是语言就是它做的事情，不需要用早先在著作中描写的狭隘的图像功能来评价，同样的，世界也是它本身。没有一个普通的理论能解释生活的复杂内容。现在维特根斯坦认为哲学不是任何严格意义上的科学，它不能解释世界，只能描述或说明世界。

维特根斯坦现在认为语言在很多方面和游戏相似。为了说明自己的观点他举了很多例子和比喻。通常他的比喻都非常普通,"想一下工具箱里的工具,有锤子、钳子、锯、螺丝刀、尺子、糨糊、胶水、钉子、螺丝等。词汇的功能就像这些工具的功能一样。"他甚至使用小孩子的光学幻象图画如鸭子、兔子来说明我们看到的东西受我们期待看到的东西的影响。在维特根斯坦死后,主宰西方哲学 20 年的哲学理论的最大特征就是没有提供普遍的理论来解释世界,而是把哲学的功能归结为分类、描述、解释语言的使用。哲学只观察、不解释对许多哲学家都是难以接受的结论。尽管本质上破坏了西方哲学传统,但常常创造出秀丽隽永又说服力强的格言,这一点让人想起尼采。

然而这些隐含深意的格言,如"世界到底是什么样子不是个谜,真正的谜在于世界为什么是这个样子""如果狮子会说话,我们也听不懂",并没有给从前的同事如罗素留下深刻印象。罗素这样评价维特根斯坦后来的著作:"在我看来,其积极主张是琐碎的,消极主张是没有根据的。"骑士桥大学伦理学教授布雷德在 1930 年也指出维特根斯坦往往不参加伦理学俱乐部(Moral Science Club)的讨论(维特根斯坦往往是讨论的核心),布雷德不能忍受"维特根斯坦时不时发表一番高论",而忠诚的信徒们时不时"表现出惊叹赞美表情"的样子。但是即使布雷德也承认"拒绝聘请维特根斯坦做哲学教授就像拒绝爱因斯坦做物理教授。"1939 年,维特根斯坦成为哲学教授,不过他总是打击学生学习这门课的热情,越来越不喜欢剑桥大学。这种紧张关系时不时就要爆发一下,往往会产生难以预料的后果。

最有说服力、影响最大的事情发生在 1946 年 10 月 25 日的

MSC会议上。维特根斯坦与来自维也纳的另外一个犹太哲学家卡尔·波普尔争吵，波普尔刚刚完成了他的代表作《开放的社会及其敌人》（1945）。这本著作猛烈攻击专制主义的意识形态基础，刚开始喝彩者不多，罗素是其中之一，因为该书攻击了柏拉图和马克思。马克思列宁主义在当时受到知识分子的普遍尊重，维特根斯坦仍然钦佩斯大林统治的苏联。每周举行的伦理学俱乐部会议往往在哲学学监布雷思韦特主持下，在国王学院的冷峻的帕拉底奥风格的吉布斯大楼召开。波普尔刚从伦敦过来，他是伦敦经济学院校刊的审稿人，会在三一学院罗素的房间里喝茶，然后他们就一起散步。波普尔大声赞美这个老人，称他是自康德以来最伟大的哲学家。罗素长期以来和维特根斯坦关系紧张。事情经过到底怎样，当事人的描述各不相同。大概有30个人挤进H3房间里，壁炉里生着火，中央供热系统出现前一般都采用这种方法。波普尔开始攻击维特根斯坦《逻辑哲学论》中的观点，这让他在维特根斯坦的追随者中名声很糟糕，因为维特根斯坦的观点早就变了。但是不管波普尔是否了解维特根斯坦的新观点，他的讲稿仍然以打印稿的形式，如蓝皮书或棕皮书散发，20世纪30年代他死后，被他的学生出版。该书攻击维特根斯坦排除别的哲学问题，这样的攻击也适用于维特根斯坦的思想。波普尔有理由关心哲学的现实影响，虽然纳粹德国被打败了，但是斯大林的俄国试图控制住欧洲中部。

波普尔在谈论什么才是真正的哲学问题的时候，维特根斯坦仍然保持沉默，虽然他对这些无关紧要的语法、修辞、伦理三学科越来越不耐烦。有个学生迈克尔·沃尔夫回忆说维特根斯坦从火炉上捡起拨火棒，神经紧张地来回晃。当波普尔问维特根斯坦伦理学的地位，维特根斯坦反驳要他举个例子说明道德控制。波普尔回答说"不要用拨火棒威胁来访的演讲者"，显然是想开玩笑。坐在旁边一言不发的罗素取下嘴里的烟斗让维特根斯坦放下手里的拨火棒。维特根斯坦转向罗素说："你误解了我，罗素先生。你总是误解我。"罗素反驳说："维特根斯坦，你把事情搅和在一起。你总是把事情搅和在一起。"维特根斯坦气冲冲地拂袖而去，狠狠地把门关上。当然还有别的说法，维特根斯坦的信徒说被要求举道德控制例子的是别人，不是他维特根斯坦，波普尔开玩笑的时候，维特根斯坦已经离开了房间，他总是提前就走了。争论仍然在继续。

　　维特根斯坦与波普尔的争吵一点都不让人感到意外，因为维特根斯坦总是要求支持者无条件的忠诚，对手无条件的投降，那样他才能高兴。发明图灵机的数学天才阿兰·图灵在1939年参观剑桥的时候，迅速放弃和维特根斯坦辩论的打算，因为维特根斯坦对着他大喊大叫。他对同行的哲学家也好不了多少。温文尔雅的牛津哲学家以赛亚·伯林40年代参观伦理学俱乐部并作报告，谈论如何了解别人的心理状态。维特根斯坦来晚了，站着听了几分钟还不坐下来，显然有点不耐烦了，抢过话头说："不，不，不。不是那样子的，让我说。不过不要谈论哲学。让我们谈论做生意，普通的生意。"在谈了一个小时的生意后，维特根斯坦握着伯林的手说："我们的谈话非常有趣，谢谢。"之后转身离去，伯林回到牛津。

　　和别人相比伯林的遭遇还算好的呢。当诺贝尔获奖者经济学家弗里德里克·哈耶克,也是维特根斯坦的远房亲戚在几乎同时参加另一场伦理学俱乐部会议,话题开始转向"物质"时,他回忆说:"突然,维特根斯坦手里拿着拨火棒恶狠狠地冲过来,试图要用实际例子表明物质多么明显和简单。看着这么霸道的人手里拿着拨火棒在房间走动,真的让人很紧张,不由得想跑出去,或者躲到更加安全的角落。说老实话,我当时觉得他就是疯掉了。"(马尔科姆后来回忆说,在1939年维特根斯坦在伦理上,如果不是思想上,总是非常尊重的剑桥哲学家摩尔,遭到他粗鲁的攻击后,确实得到了勉强的道歉,"连续不断谈了两个多小时"。摩尔可是在剑桥大学被公认的像圣人一样的人物,连维特根斯坦在上课的时候也要专门为他准备一把舒适的椅子)。

更典型的反应是牛津大学韦恩弗利特哲学教授吉尔伯特·赖尔。他写道:"在他参加的几次 MSC 会议上,看到他们对维特根斯坦的敬重是没有节制的。比如,我每次提及别的哲学家就引来一阵哄笑。在我看来,在教学上这种对任何非维特根斯坦的思想都蔑视对学生来说是灾难性的。对维特根斯坦本人也不好。"赖尔对维特根斯坦的思想非常同情和理解,但是对维特根斯坦鼓励学生不看别的哲学家的著作非常痛惜。

维特根斯坦曾批驳柏拉图的苏格拉底对话纯粹是浪费时间,虽然该书不仅以内容而且以机智和风格著称。这是他全面拒绝或漠视西方文学和艺术的一部分,维特根斯坦尤其讨厌莎士比亚,因为莎士比亚拒绝把自己当作先知或人类的导师,不像托尔斯泰很明显把自己看作这两者(莎士比亚当时在德国就像在英语国家一样受到推崇)。这种抛弃不是由于缺乏审美敏感性,而是因为维特根斯坦是个细致入微的美的欣赏者,他那简单朴素的外衣出自剑桥最好的裁缝之手,房间里的小摆设都非常精美。这实际上反映了罗素在1912年已经注意到的有意识的狭隘视野。

维特根斯坦在剑桥大学的教学方法就像他在特拉藤巴赫村一样不落俗套。他从不照本宣科,他认为讲义看着像尸体,而且讨厌学生记笔记,他常常花费一个小时在上课或讨论时间用自我折磨的沉默,一句话不说,他的脸扭曲,等待词汇的出现。那些经过认真挑选的参加讨论的学生着迷地听,很少敢开口讲话,这些讨论可从来没有按正常的方式向外人透露过。维特根斯坦的"反讲课"做法和苏格拉底的随意性相似,但是有讽刺意味的是,苏格拉底是个非常喜欢宴饮交际的人。更接近的例子是新柏拉图主义的创立者普罗提诺,影响到从奥古斯丁到黑格尔许多思想家的最伟大的神秘主义哲学家。普罗提诺也是一个禁欲者,"对自己的身体感到羞耻",拒绝写作(他的思想是被学生波尔菲利记录下来的)。在他努力表达一些难以表达的东西的时候,他的课堂气氛或者庄严得让人陶醉和痴迷,或者是让人压抑的沉默和病态,但是普罗提诺从来没有威胁要打人。

1951年4月,维特根斯坦在剑桥附近身患癌症濒临死亡,他说"告诉他们我的生活非常好"。这个"非常好"显然不是生活的目标,他的生活中折磨不断,没有朋友,没有休息,但维特根斯坦确实认为生活非常好。他的晚年基本上是在爱尔兰徘徊,寻找朴素和偏僻的地方,可以不受干扰地思考和写作

（最后落脚在都柏林宾馆）。当然，他仍然在思考和写作。他写的最后一个条目是在他去世前两天。关于现在所知的他的第三哲学，显示维特根斯坦在走向原教旨主义者的观点。在此之前，各种"语言游戏"或者"生活模式"决定了它们的合理性，不需要考虑任何绝对的真理标准。他现在开始探索这些是怎么样被基本上可以肯定的基础支撑的。难道问题不是这样的吗？如果你要在最重要的问题上改变观点怎么办呢？对这个问题，答案是"你不必要改变。"那正是它们成为最基本内容的原因。"维特根斯坦的思想好像开始回到承认需要一个基本确定性的基础，在此之上才有各种文体。如果没有了这个基础，语言和意义将是自由流动的。可惜他没有活着完全阐发这个理论，受困于其思想和隐含意义的原教旨主义者，至今仍然遭到学者的质疑。维特根斯坦虽然有很多的学生（至少比尼采和叔本华多），但是他仍然感到孤独，不管是思想上还是生活上。得到他真正尊重的少数几个学生之一的诺曼·马尔科姆就拒绝听从老师的建议"到农场或牧场干活"。他或许比其他人对老师的晚年了解得更多些，在临终前撰写的书中为老师辩护说他的老师其实是有宗教信仰的，在内心深处是虔诚的基督徒。马尔科姆还说1919年维特根斯坦选择当小学老师而不是牧师，是因为如果当牧师就需要四年神学院的训练。

维特根斯坦曾经告诉罗素他能理解为什么中世纪的石匠在大教堂屋顶上雕刻怪兽状滴嘴或别的塑像，这样的杰作除了上帝没有人能够看到。在《哲学研究》中维特根斯坦说："如果我能够，我将把该书献给上帝。"后来他还承认："生活能够教导人们相信上帝,"甚至在病重的时候还请天主教牧师去看他。但是因为他不能接受天主教关于圣餐变体论的说教,所以没有回归天主教的问题,当然也不存在接受天主教关于人性的说法。他的去世就像他活着一样都是作为外来者,不论从思想上还是从伦理上,都没有得到任何宗教的限制或安慰。

维特根斯坦思想在20世纪的重要影响和意义是无可争论的。《逻辑哲学论》仍然是20世纪最伟大的著作之一,后来的哲学有效地试图重新指导西方哲学,从笛卡儿开始的主流方向,如果不是从柏拉图开始的话。在这点上,只有海德格尔能够和他并驾齐驱。但是维特根斯坦的上课方式,纵容别人对他的性格崇拜肯定是引起争论的地方。维特根斯坦接二连三地做出一些难以让人接受的举动,这些离人们想象中的哲学家实在太远。如果维特根斯坦作为西方禅师的话,面对人类的愚钝,他或许应该远离滚滚红尘隐居山林。"知者不言"听起来和维特根斯坦在《逻辑哲学论》中表达的思想并无不同,但是他不仅缺乏神秘论者的冷静和慈悲,而且故意选择在西方思想传统的堡垒中度过成年的生活。

正如朱利安·贝尔本能地注意到的,"极端自私者"和"神秘论者"用来描述他最恰当不过了。一旦发现不能够说服听众,他就准备离开,不愿和别人争论,对于维特根斯坦的追随者来说,整天面对肃然起敬的偶像,经常的沉默和时不时的大发雷霆并不会产生真正的后果。对他们来说,维特根斯坦不是可以质疑的哲学前辈,而是上帝,是圣徒,或赫拉克里特,默林或麦思特·埃克哈特的化身。即使另一个严谨的清教徒,曾经和他保持短暂友谊的文学批评家利维斯也承认，"关于维特根斯坦的讨论基本上是由本人推动起来的。"这样狂热的唯我论让人们想起另外一个奥地利人。

维特根斯坦的信徒可能觉得奇怪，或者忽略的内容是维特根斯坦的授课方式，或者施展魅力的手段和他从前的同学希特勒磁铁般的魅力非常相似。非常巧合的是，他们两个是同时代人，都在林茨的实科中学念书，虽然维特根斯坦比希特勒高一级。因为事先家庭教师教过拉丁语，维特根斯坦不用在进文法学校前再学拉丁文。但是，同学们都不会想到他是犹太人，因为他在名字和相貌上都具备德国天主教徒的特征：蓝眼睛，黄头发。但是因为被嘲笑为来自维也纳不可一世的小子，可能和希特勒结怨，那时候，希特勒就已经是欺负人的天才。

相似性不止这些。

两人都不能和别人长期保持不管是性，还是社会的半吊子平等的关系。两人都在自己周围聚集起对他们崇拜得五体投地的狂热信徒，两人都脾气暴躁，动手打人，个人生活都朴素、节俭，都断然拒绝在他们看来和自己无关或适合弱小者的西方思想和文化精华。

当然，有一点他们是完全相反的。维特根斯坦及其思想都闪耀着让人炫目的光芒以及自我撕裂的诚实，和希特勒的黑暗和低俗的自我欺骗岂能相提并论。希特勒终生充满仇恨，而维特根斯坦在追求真理时有燃烧的激情，只是在有时候对别人的愚蠢表现出愤怒而已。或许当时被称为"20世纪实验室"的中欧狂热气氛本来就让人激动和疯狂。

维特根斯坦当小学老师时的学生,来自特拉腾巴赫的鞋匠奥斯卡·福赫斯的判断或许是最公平的墓志铭:"维特根斯坦是个禁欲者。这些人被看作疯子,但是人们不能用普通的标准来评判他们。"

第六章

马丁·海德格尔(1889—1976)——魔术师,掠夺者,农夫,纳粹分子

不要让命题或"观点"成为你存在的规则,只有元首本人是德国现实及其法律的现在和未来。

——马丁·海德格尔(1933)

有时候衣服能说明一切。在 1922 年左右拍的照片上，年轻的副教授马丁·海德格尔与从前的老师、现在的顶头上司胡塞尔并排散步。胡塞尔穿着正装，头戴宽边帽子，手拿镶金边的手杖，显示出优雅和文明。也许是为了故意形成鲜明的对比，海德格尔穿着家乡黑森林农民的衣服：吊带花饰皮裤，厚厚的白色过膝长袜，看上去健壮结实，甚至肌肉发达，一眼就能看出是个土包子。在高雅、自由、犹太味十足的学界海德格尔显得格格不入。他的粗俗打扮不仅显得可笑，还表达了更深层次的不自在，这种意识主宰了他的整个思想。

在他们两个后面，走过来一个身材修长的女孩，头发扎着首都柏林流行的样式，照片上看不出她是谁。其实，她就是汉娜·阿伦特，与这两个人的未来生活密不可分的人，命中注定成为海德格尔是最著名的学生和情人。像胡塞尔一样，她也是犹太人，在魏玛时期的德国知识界这根本不是问题。像胡塞尔一样，她在海德格尔的生活和思想以及声誉中都扮演了非常关键的角色。

让人难以理解的是，欠德国犹太人（全欧洲最有适应性、最有修养、最聪明的人）这么多人情的海德格尔是怎么成为纳粹主义狂热的弥赛亚式先知的呢？1933 年 4 月，希特勒全面掌权才几个星期，所谓纳粹和希特勒"全体一致"控制德国后，就用惊人的速度把魏玛共和国的机构连根拔起。海德格尔被选为弗莱堡大学的校长，并加入纳粹党。他的就职演说让人听了纳闷，到底应该"学习苏格拉底以前的哲学还是加入冲锋队呢？"

除此之外，更让人不解的是海德格尔成为20世纪中期灯塔式的人物，激励了整整一代最复杂、最优雅的巴黎都市咖啡馆学派左翼思想家，虽然他们很少真正赞同他深藏的带有神秘色彩的对血和灵魂的信仰。许多法国哲学家如萨特、梅洛·庞蒂、德里达帮助把海德格尔提升到和维特根斯坦同等的地位，成为20世纪最有影响的哲学家之一，到现在为止还没有人对这个地位提出挑战。

存在主义的领导者好像还没有意识到心灵上的深刻变化。尽管被他所鄙视的人所称道，海德格尔很少努力来试图宽恕自己从前的行为，而且从来没有清楚表明要抛弃纳粹意识形态。他后来声明说接受校长职位是在压力下被迫的，他曾尽最大的努力保护犹太学生，以及很快对纳粹主义感到幻灭等，现在看来都是假的。这个思想巨人怎么会认同政治学中最暴虐、最无智慧的主张呢？

说哲学家只配研究哲学，在现实世界和政治斗争中他们是很容易被误导的白痴，这样的观点认为虽然海德格尔和纳粹之间的瓜葛让人遗憾，但是这件事并不严重影响其哲学的意义和价值。破坏性更大的观点是理查德·沃林等采取的途径，试图从他的哲学中寻找他对生活以及既定生活目标的解释，一旦机会到来，他就会走上纳粹的道路。

但是不管最后得出什么结论，可以肯定的是，这个聪明绝顶、勾引女人、热爱自然的纳粹同情者的心好像永远被乡间别墅勾走了。海德格尔只有在森林里穿着传统的服装才能觉得心满意足。他对现代思想作出的巨大贡献包括对技术危险性的著述，对以是否对人有利作为判断事物价值的唯一标准（我们对环境和其他物种的态度有大量的隐含意义）的倾向的描写，以及对存在主义和人生意义的观点……不说别的，单单看在他手下研究的哲学家的影响就行了：既是学生又是情人的阿伦特，在德国对环境思考作出重大贡献的汉斯·约纳斯，写出了20世纪60年代革命性重要著作《爱欲与文明》和《单向度的人》的马尔库塞，以及在社会和政治领域有重大影响的卡尔·勒维兹等。在神学家中，和他同时在马尔堡大学教书的鲁道夫·布特曼和保罗·田里克都受到他的影响。海德格尔的哲学传遍全世界，第一部严肃认真的海德格尔研究著作来自日本。尽管他的《存在与时间》闻名于世，但是让人感叹的是他的著作和演讲数量之丰。海德格尔首先是个勤奋的学者，在战争喧嚣的日子里，仍然能够沉下心来写作和演讲，涉及领域之广让人惊叹。

20世纪思想界最大的矛盾就出现在这里。在第二次世界大战后的几十年里，存在主义哲学不仅是许多有文化有智慧的人的选择，同时也是那些自认为反抗社会规范的人喜欢的。它就像一件衣服由萨特领导的巴黎咖啡学派挑选出来广泛应用在文学和戏剧领域。崇尚个人主义，鼓励个人从社会规范中解脱出来的哲学是被纳粹和战争破坏的欧洲忧郁生活的最好解毒剂。

海德格尔这个纳粹同情者，来自黑森林深处的乡村传统主义者，虽然没有接受存在主义这个术语，但是他建立了20世纪存在主义赖以存在的基本原则。事实上，在50年代和60年代充满自由热情学了一点存在主义知识的普通爱好者，对该哲学的创立者仍然困惑不解：19世纪以严肃著称的杰出宗教思想家克尔凯郭尔，如果活着能看到存在主义的尼采，恐怕不可能把咖啡馆生活当作传统的天主教右派分子海德格尔超人到来的宣言。只是由于萨特前来救难，才让存在主义在性开放者和政治左派分子中间流行开来。

海德格尔于1889年9月26日出生在德国巴登地区的梅斯基尔希镇（弥撒教堂的意思）。父亲为弗里德里克，是箍桶匠，也是圣马丁大教堂的司事。母亲为约翰娜。因此，海德格尔是个农民意识强烈、笃信宗教的人。他是长子，下面有个妹妹玛丽（Marie出生于1892年）和弟弟弗里茨（Fritz出生于1894年）。

故乡黑森林小镇对他的生活非常重要，促使他形成强烈的德国人身份认同，每当遇到困难的时候他就会退回这里寻求安慰，死后也埋葬在这里。海德格尔经常把自己描述为来自外省的乡下孩子，讨厌大城市的生活。在他看来，德国需要一个强大的中央政权统一全国，怀疑任何自由民主的途径和国际文化，认为这会破坏德国的国家认同。帮助形成海德格尔自我意识的另外一个地方是位于波文的本笃会修道院，他在1920年成为知名学者，以及1940年被剥夺教鞭后经常回到这里。

要不是因为神学和哲学，他也许从来不会离开家乡一步。事实上他的弟弟一生都在家乡作银行职员。在第二次世界大战任何地方都可能遭到破坏的时候，海德格尔的声誉因为与纳粹的牵连而受到挑战，其手稿就是以他弟弟的名义被安全藏在银行地窖里的。擦去国际知名学者的光环外表，你会发现海德格尔出身乡下小镇家庭传统和防御性的性格特征，对自己和生活环境的稳定性深信不疑。

14岁的时候，在当地牧师筹集的资金帮助下，海德格尔来到康斯坦察的耶稣会士学校学习。三年后，多亏天主教堂的奖学金，他来到弗莱堡的伯侯德高级中学学习，接着到圣乔治神学院。在1909年19岁的时候，海德格尔拿到学士学位，作为耶稣会士初学者离开学校到奥地利培训，不过只学了两个星期就回来了，可能是因为身体原因离开的。因为已经决心献身天主教，海德格尔又开始到弗莱堡学习以便当牧师。

就在这个时候，海德格尔可能意识到故乡的宗教英雄，一个被称为亚伯拉罕·阿·桑克塔·克拉哈的不怎么出名的17世纪奥古斯丁派布道者和他心灵相通。亚伯拉罕作为当地牧师反对都市的虚伪，崇尚农村俭朴的生活，同时也是个反犹主义者。我们不知道在多大程度上海德格尔赞同亚伯拉罕的观点，但是他显然对此印象深刻，1909年曾做过一场关于亚伯拉罕的演讲，一年后，他被邀请在克瑞海恩斯特敦村在亚伯拉罕纪念碑揭幕，并在典礼上致词。他的父亲在那里保留了一个小旅馆，所以这个人肯定对海德格尔的生活产生影响。

1911年，海德格尔放弃了神学学习，转向数学和哲学。又过了十年，他放弃了作为神学体系的天主教，当然并没有彻底和天主教决裂，因为他回到家乡的时候还参加弥撒，但是已经是从神学根基往后退缩了一步。

在这个时期,海德格尔阅读了胡塞尔的《逻辑调查》,当时胡塞尔在弗莱堡大学教书,对海德格尔的思想发展产生重要的影响。胡塞尔研究哲学的途径被称为现象学——关心经验的实际现象。经验主义者如休谟曾指出我们的感觉欺骗我们对外部世界的认识,笛卡儿说我们唯一能够确定认识的是我们是会思考的动物,但是胡塞尔认为我们感知的世界也就是他所说的"生活世界"才是可以认真讨论不用担心出现矛盾的东西。我们有意识的时候,总是意识到了某些东西,我们的思想用不同的方式将经验分类和区分,我们考察世界的时候总是为了一个特定的目的,笼统地说就是意图性,经验以其对人的意义而确定。现象学就是研究生活世界的经验。但是这个生活世界到底是什么样子?我们在意识到自己经验的时候到底意识到了什么?这就是海德格尔哲学的开头,也是其主要著作《存在与时间》中的核心问题。

1913年7月,海德格尔通过了博士考试,选择待在弗莱堡大学当胡塞尔的助教。1914年战争爆发,他自愿参加步兵团,但是只在部队8天,就因为身体原因给送回来了。两个月后,他再度进入同一个部队,几天后又被送回来了。最后部队认为他根本就不适合从事战斗任务,被分配到弗莱堡的邮局担任军队审查官。后来和别人谈起这事的时候,他总是说如果有机会,当然愿意参加战斗。

然而,生活并不完全是哲学或审查,这个时候他认识了丽德·佩特瑞,并1917年与她结婚。因为她是新教徒,所以他们举行了两次婚礼，第一次由跟着海德格尔学习神学的克莱布牧师主持，一个星期后在新教徒教堂里进行了第二次婚礼。过了一段时间后，他再次被征召入伍，经受了基本的训练，后在气象站工作。战争结束后，他从部队回到地方。

后来两个儿子约克和赫曼相继出生，妻子丽德在托德瑙堡为海德格尔建造了滑雪小屋，他可以在那里摆脱学术界的钩心斗角，过单纯的山村生活。这是他多年来典型的生活方式，安静地住下从事他看来最重要的事情——写作，偶尔邀请学生来这里聚会。这是他在农村的落脚点，是他亲吻故乡泥土的地方。

1923年，成为副教授的海德格尔迁居到小城马尔堡。这里有中世纪的迷人氛围，但是有点幽闭恐惧症，一有风吹草动，马上就满城风雨人人皆知。其同事保罗·田里克第二年来到小城后大吃一惊，觉得这里的氛围让人窒息，后悔离开频繁聚会和性自由的柏林。这个后来成为把海德格尔观点女性化和把基督教变为存在神学的著名阐释者，在1924年认定马尔堡不是他这种人待的地方。

海德格尔却尽最大努力让马尔堡成为他喜欢的地方，因为他遇见了一名犹太人新生阿伦特，两人很快就相爱了。她只有18岁，聪明，漂亮，显然被他的生活方式迷住了（像他的很多学生一样）。海德格尔当时35岁，有两个儿子，一个怀疑他、把他盯得很紧的妻子，还有讨学生喜欢的名声。他们的恋爱是不平等的，海德格尔被伊丽莎白·艾廷格描述为"勾引天真无知的女生上床的色狼，达到目的后就一脚踢开"。理查德·沃林也说海德格尔只是要占人家的便宜。但是保留下来两者的往来书信显示了更深刻的内容。他们是激情的结合，既有性的吸引也有柏拉图也承认的精神之爱。1925年2月27日，海德格尔写了很典型的充满深情的信："亲爱的汉娜，我已经坠入爱河不能自拔，这是以前从来没有过的事情。雨中回家的你更漂亮，更迷人，真希望与你手挽手一直走下去，永远。"

如果他们敢同时出现在公众面前，那实在是非常不般配的一对。海德格尔已经习惯于标准的服装：夏天一般穿洛登缩绒厚呢外套，灯笼裤，看着像从黑森林来的农民，或者年纪很大的童子军；冬天可能穿着滑雪衫漫步。海德格尔粗壮结实，看上去像个干体力活的人；汉娜则一头短发，年轻漂亮，高雅大方。

对海德格尔来说和学生发生恋爱关系肯定不是简单的事，不仅因为马尔堡是个小地方，一旦发现，就可能被炒鱿鱼。而且因为妻子丽德把他盯得很紧，还包括对他的学生，特别是犹太学生汉娜，丽德是个反犹主义者。

他们在大学附近汉娜居住的小阁楼里幽会，具体时间肯定全部由海德格尔决定。海德格尔正在撰写奠定其哲学家声誉的《存在与时间》，这是他创作最旺盛的时期，汉娜成了他的缪斯（灵感女神）。不过偷偷摸摸的来往毕竟是个负担，一年后，在海德格尔的敦促下汉娜来到海德堡。在那里当老师的朋友雅斯贝尔斯帮助了她。汉娜声称这么做是为了减轻海德格尔的压力。但是为了保持自己的独立性，她没有立刻告诉海德格尔新地址。海德格尔最后还是找到了她，继续经常来往，幽会地点一般都在离马尔堡有安全距离的车站旅馆里。汉娜也告诉海德格尔她有别的情人，但是海德格尔相信她和别人的关系没有多大要紧，因为他们才是真心相爱的。不管汉娜多么希望过自己的生活，与他保持一定的距离，但是在那些年里，只要海德格尔想见她，总能找到她。

同时，这个时期在学术上对海德格尔来说有喜有忧。他在1925年、1926年两次申请马尔堡大学的教授都遭到拒绝，向柏林大学的申请因为没有著作也被拒绝了。但是情况很快就发生了变化，1926年，在其山村别墅托德瑙堡举行的聚会上，海德格尔交给胡塞尔《存在与时间》一书的手稿来纪念胡塞尔67岁生日。第二年它发表在由胡塞尔编辑的《哲学和现象学研究年鉴》上。由于该书的出版，海德格尔被提升为终身教授。

从任何标准来看，《存在与时间》都是他主要的著作。在书中海德格尔继承了克尔凯郭尔、叔本华、尼采的思想，为萨特、德里达等许多人开辟了道路。该书主要关心存在的本质问题，尤其是存在对人的意义。

该书的任务和采用的方法都建立在海德格尔的导师胡塞尔从现象学的角度考察人类生活的工作基础上。海德格尔承认人类的存在体现在时间中，实际上我们是时间的化身，我们生活在过去、现在和未来。是时间决定了我们是谁。在走向未来的过程中，我们的选择影响我们的生活，同时我们被出生时的环境所决定。

为了避免误解，海德格尔创造了一个新词"此在"，其字面意思"那里存在"并不能帮助我们理解这个词的含义。它指的是我们自己的存在——由出生决定，由选择影响的人类个人有局限、有希望，能够显示性格的存在。"此在"首先遇到的就是如下的认知：生命是有限的，只有死亡是肯定的，生活是流动的，随着环境的变化不断要求你作出选择和决定。首先我们得在没有上帝的情况下，面对自己的未来，决定自己存在的意义。这正是尼采提出的挑战，生活在没有上帝的世界，这个世界漫无边际，无法界定最初的绝对意义和目标。

海德格尔的名声现在已经完全建立起来了，到了第二年（1928年）他接替胡塞尔担任弗莱堡大学哲学教授。他断绝了与汉娜的关系，从马尔堡出来，步了导师的后尘。

海德格尔就职演讲的题目是"什么是形而上学？"很快他就撰写并编辑了纪念胡塞尔的文集，纪念他的70大寿。

由于更愿意过小镇的生活，海德格尔拒绝了柏林大学的教授聘请，这肯定让他非常开心。在过去五年的时间里他作为学者声誉日隆，成为别人崇拜的偶像，吸引了大量有才华和有影响的学生。他的书不仅奠定了作为胡塞尔继承者的地位，而且成为有自己独特哲学贡献的创新者。海德格尔讲课受欢迎，能够让学生听得如醉如痴，其外号是"梅斯基尔希镇的魔术师"，吸引了大量学生。

如果故事到此为止，或许除了对汉娜的行为外，海德格尔从不知名的农村孩子成长为著名学者，其生活好像一直在蒸蒸日上。但是事情并不如此。曾经有段时间海德格尔支持国家社会主义的兴起，如今成了这个主义在学界的发言人。

1933年的4月，学校选举海德格尔为弗莱堡大学的校长，这对他有决定性的意义。接下来几个月他加入了国家社会党，在5月27日发表了校长就职演说"德国大学的自我认同"。海德格尔成为学术界最有威望的人皈依纳粹事业的典型。其演说中充斥着大量的词汇,如"人民""任务""命运""决定性""意志""鲜血和国家的力量"等。其思想可能从苏格拉底以前一直讲到他自己的《存在与时间》,但是使用的语言都和国家的觉醒密切相关。海德格尔看不到学术独立的意义,相反他认为德国大学的使命就是要反映种族和国家意识,投身到塑造德国人民精神的神圣任务中。任何事情都要通过奋斗为英雄的价值让路。海德格尔立即执行将学术机构沦为希特勒政权政治控制的附属品的全体一致政策。

显然,对海德格尔来说,学术知识不再是为了学术本身的不牵涉自身利益的追求,必须具有政治目的。他开始为学生组织军事训练,他的别墅托德瑙堡变成了"军营",还鼓励学生穿纳粹军服。这样海德格尔表现出了国家社会主义信仰与扎根于德国土地的意识的结合点。海德格尔对大自然环境的神秘热爱和他作为德国人的自豪结合在了一起。

当然,在那年6月卡尔·雅斯贝尔斯拜访海德格尔的时候,发现他已经完全陶醉在国家社会主义的革命中,有段时期好像已经反对哲学了,抱怨说德国的哲学教授太多了,哲学辩论是犹豫不决的表现。希望任何事情都扎根于最初的源泉,即根源于鲜血和努力的内心冲动和激情。

对海德格尔来说这并不是完全新颖的方向,像许多经历两次世界大战的人一样,他从来没有真正支持魏玛共和国。认为魏玛共和国过分民主和都市化,让人想起1918年德国被打败的屈辱。魏玛共和国已经遭受1929年的大萧条打击的经济注定要崩溃，因为德国比任何别的欧洲国家都更快地品尝了危机的苦果，因为它依赖的短期贷款很快被收回了。紧接着发生在1922至1923年的通货膨胀加速了魏玛共和国的灭亡。到了1932年，德国失业人数已经高达600万，需要采取极端的措施。海德格尔曾经认为德国人应该从平庸和妥协中摆脱出来，寻找决定性的自我确认的时刻。政治选择也许是原始的，但是他看到国家社会主义的到来是走向新开始的机会和前进的步伐。在海德格尔当选校长的同一个月，针对犹太人的各种行动也开始了。人们开始抵制犹太人的生意，从4月7日开始，不再允许犹太人担任公职，因此也不能担任学术职务。

但是海德格尔对纳粹的迷恋仅仅是不幸的政治选择还是反映了他的哲学立场呢？正如《存在与时间》显示的，其思想核心是历史性。海德格尔不是在讨论抽象和永恒的真理，而是在探讨基本上被抛入时间领域的存在经验。人类的存在和"此在"相关，有具体的时间和地点，具体的历史上下文。在这点上死亡对理解海德格尔非常关键。我们就是被这样的事实所决定：我们是有限的，所有的自我理解和决定都已经被告知了。

我们根据过去的经验和对未来的希望作出决定，进而影响我们现在的生活。我们面对的世界就好像是手中用来影响和建立我们"此在"的一个工具。

而且我们在对付环境和别人的时候总戴着面具，一个很方便地用来逃避自己独特现实的方式。但是对海德格尔来说，目标才是真实的，是要强化"此在"，是要果断影响未来的。宇宙本身没有根本的价值，我们可以自由地创立自己的价值，开发自己的经验世界。这可能导致虚无主义，但是海德格尔认为"此在"应该在深层的虚无意识背景下理解。任何事情都是偶然性的，我们只是在时间和在我们可能死亡的背景下理解自身的。从外来与永久意义上讲，没有什么人经历过永恒或极限，相反就像展现在我们面前的任何事情一样是有限度的。

对海德格尔来说，重要的是承担责任，自己作出决定，并以此影响未来。真实的人是在特定环境中有领导魄力、有方向感和动态性的人。他不需要丰富的想象力就能认识到元首和国家社会主义正是德国人民历史命运的果断自我确认的象征。海德格尔在其哲学里寻找毅力和决定性作为真正英雄的品质。在历史时刻挑战的关头，决定性要求抓住个人的命运。

所以海德格尔把在希特勒领导下的国家社会主义革命，看作是德国人抓住历史给予他们的机会就没有什么好奇怪的了。在某种程度上，海德格尔在哲学上这样说是对的，但作为政治信仰来遵守就错了，就好像说其哲学对他同情纳粹根本没有起任何作用，这是忽视了他的哲学的真正本质。

海德格尔有段时间曾像柏拉图一样梦想成为哲学之王，甚至认为自己提供了国家社会主义的哲学根基。纳粹主义的德国民族复兴的诺言也与他对国际自由文化的深深怀疑相一致。他也许确实天真，没有意识到穿着希特勒青年装的年轻的学生在他的托德瑙堡别墅聚会时，像畜生一般鬼混，但是他支持纳粹的决心和信仰显然来自其哲学为他提供的巨大精神力量。希特勒的出现证明了"此在"的存在，让他相信决定性时刻的到来。

在那个特定的历史时刻,我们或许可以原谅海德格尔对国民觉醒潜力的最初观点。由于受到尼采的影响,海德格尔可能认为自己那强调确认生活价值的哲学,是解决欧洲遭受第一次世界大战蹂躏的困境和防止其陷入虚无主义泥潭的答案。他鼓吹英雄的价值,想中止这个下降的趋势——遗憾的是,他选择了错误的时间,错误的人希特勒。

研究1933年海德格尔思想和行为关系的学者理查德·沃林批评了海德格尔哲学的根本观点。他说海德格尔并没有建立一个区分真实和虚假良心呼唤的标准。换句话说,海德格尔的哲学可以促进果断性,但是没有提供客观的指导,即究竟应该在什么事情上果断。自我确认和"此在"的发展本身并不能保证道德正直,或者和任何伦理系统或价值相关。如果一个"英雄般的权力意志"(用尼采的说法)是评价个人行为的唯一标准,那么世界很快就会陷入相互争斗和相互毁灭的大混乱中。

试图按照国家社会主义的要求改造大学是痛苦的,影响也是深刻的。此时海德格尔已经教了很多犹太学生,包括已经结了婚,离开了德国到美国发展的汉娜。海德格尔现在作为校长有能力阻止犹太学生拿到学位,禁止胡塞尔使用大学的图书馆。对待多年来关照他的胡塞尔如此绝情,他肯定极大地伤害了胡塞尔。胡塞尔在1933年5月4日的信中说:"近几年来他任凭反犹主义滋长,甚至到了拿来对付自己忠诚的犹太学生。他在过去几个星期的做法已经严重破坏了我存在的基础。"

在个人关系上,海德格尔与支持他、和汉娜也是好朋友的雅斯贝尔斯闹翻了。雅斯贝尔斯的妻子是犹太人,在整个纳粹时期一直担心被抓起来，后来一直随身携带自杀的药物，但是海德格尔没有表示做任何的帮忙。对海德格尔来说，学术和友谊在面对国家社会主义的反犹立场时都要抛到一边。

那年年底，海德格尔仍然对纳粹事业热情不减。他在《呼吁德国全体学生》的发言结束时说："不要让命题或观点成为你存在的原则，只有元首是德国现实和法律的现在和未来。"他声称"这场革命将给德国存在带来彻底的改变。"这里和他的哲学有明显的联系——因为存在在这里就是指"此在"。海德格尔从正在发生的事情不仅看到了政权的改变，而且看到了国民自我意识的彻底改观。显然，对海德格尔来说，希特勒就是深层意义上的德国化身。他的演讲的最后总是"希特勒万岁"。

所以，海德格尔绝不是表面的政治错误，虽然我们并不要求他为即将发生的恐怖事件负责。海德格尔试图为臭名昭著的纳粹意识形态提供合理化的哲学外衣是错误的。这并不是说《存在与时间》在任何方式上应该对国家社会主义的发展负责，就像卢梭的《社会契约论》不能为法国大革命负责一样。但是可以肯定的是，哲学家警觉自己的观点可能产生的误用和滥用，其行为才能被认为是好的。我们注意到卢梭死后人们用他的思想合理化法国革命的恐怖和镇压（以人民的名义），相反海德格尔这个哲学家是主动提供其思想为革命服务。他并不认为自己的思想被滥用了，而是相信他的思想发挥作用的时刻终于到来了，他将成为给德国人民带来美好新世界的纳粹革命的哲学家之王。

幸运的是，有人用不同的方式理解和使用海德格尔的著作。

和他一起在马尔堡工作的同事布特曼和田里克利用其著作批判性地解释新约全书,用自由和社会主义的方式来解释基督教神学。萨特等尽管知道他和纳粹有牵连,仍从他的著作中得到灵感,认识到海德格尔的思想完全可以用在比1933年动乱年代海德格尔自己拿来使用的纳粹运动更有意义、更普遍的事业中。

不过很快就清楚了,纳粹党并不准备接受海德格尔作为他们的哲学顾问。1934年4月,在和学校老师及纳粹官员发生冲突后,海德格尔辞去了校长职务,不久就开始批评国家社会主义,他自己也受到盖世太保的监视。但是到这时候对海德格尔名誉上的伤害已经造成了。据说他的一个同事曾说俏皮话"从锡拉库萨返回?"这句话本来指柏拉图,柏拉图当初到西西里希望劝说年轻的狄奥尼索斯学习哲学和正义,没有成功,狄奥尼索斯后来还是个暴君。海德格尔对希特勒劝说的命运也是如此。海德格尔在那个时期的许多著作集中在对尼采的阐释上,还作了一连串关于尼采的讲座。显然对海德格尔来说,阐明他对尼采的观点显然非常重要。不只是因为尼采哲学的部分内容被纳粹使用。纳粹曾经计划把尼采列入英烈祠的行列,后来放弃了。

到1930年末的时候,海德格尔已经对纳粹运动的方向感到幻灭,虽然他并没有批驳从前的观点,因为在1937年和卡尔·勒维兹的对话中,他仍然主张国家社会主义是德国应该走的正确道路。海德格尔在多大程度上想和纳粹保持距离是个没有实际意义的问题。也许因为意识到自己曾经是纳粹哲学之王,他现在关心自己对德国国民革命的基本观点是否具有正义性,以便保持当初信仰纳粹的合理性,虽然坚决反对纳粹赤裸裸地反对智慧和理性的行为。

只是到了1966年在接受《明镜周刊》采访的时候（这个采访在他死后才播出），海德格尔才承认他在1933年犯了很大的错误。他错误地认为在希特勒蛊惑下的国民觉醒是一种自我确定的行为，也许是尼采所说的来自超人的一种意志力的表现。

战争到来后，海德格尔继续当教师，除了1944年被征兵来到国民军沿着莱茵河挖反坦克壕沟外。此后一个月弗莱堡遭到轰炸，他回到梅斯基尔希镇避难，而学校则到威尔顿斯坦城堡躲避。到第二年2月，梅斯基尔希镇也遭到轰炸，到了4月，法国人占领了这个地区。对海德格尔来说，到了该从纳粹党退党的时候了。

到了7月底，海德格尔成了反纳粹委员会审查的对象。他从前的朋友雅斯贝尔斯写了汇报，交代海德格尔在纳粹运动中的牵连，暗示他由于政治上天真误入歧途，应该让他继续写作和出版著作，但不能再教书。还说海德格尔"没有深刻认识到自己早年的错误，这就是为什么在他身上没有根本的变化，仍在玩歪曲和抵赖的把戏。"对海德格尔来说幸运的是，该委员会认可了宽宏大量的雅斯贝尔斯的观点。在雅斯贝尔斯夫妇最需要帮助的时候，海德格尔熟视无睹，只是在遭难的时候才又找人家见面寻求帮助。到了年底的时候，弗莱堡大学的老师们还向他提出23个问题要求他做出解释。但这时候海德格尔已经受不了了，精神崩溃住进医院，甚至企图自杀。

由于被禁止在任何大学教书，海德格尔只有继续写作，并偶尔做些演讲。他申请荣誉教授地位，学校最初同意了，但是这个决定被反纳粹委员会否决。在1946年底的时候，弗莱堡大学剥夺了他的教授头衔。

在1947年，海德格尔发表了《关于人道主义的信》，标题显然模仿前一年萨特著名的《存在主义是一种人道主义》。在该文中海德格尔试图区分他的现象学和法国存在主义。海德格尔不愿意被看作存在主义哲学家，但是我们不清楚他是因为自己的著作和存在主义明显不同，还是因为他不想被看作非常法国化的或带有左翼色彩的人物。在这本著作中海德格尔也承认其哲学的转变，超越了在《存在与时间》中的观点。所以我们常常听到"海德格尔后期思想"的说法（就像维特根斯坦早期思想或后期思想的说法）。这样区分有个困难，因为海德格尔早期的著作只有重要的一本，而后期的著作散见于战后的文章和演说中。

但是过去并没有被忘记。马尔库塞在1947年给海德格尔写信要求他说清楚对大屠杀的立场。海德格尔回答说对纳粹大屠杀的指控只有在同时指控盟军对东德犯下的罪行时才是公平的。不管人们对后者的观点如何，这样的反应显然不应该是完全对自己过去的政治立场悔过的人作出的。

海德格尔后期著作中提出的一个重要范畴是"框架"。在我们考察世界的时候，我们以它们的用途为标准来理解，了解如何操纵它们，了解怎样使其帮助我们达到自己的目标。我们不是客观地看待生活，而是用一种让世界对我们有用的方式"框架"每一个经验。我们的世界是把我们挑选要做的事情用一整套用框架框好的情景，而且当我们把自己投射到这个世界上的时候，看待自己也是从对别人怎么有用的角度。我要担当某个角色，达到某个目的，因此我用让它出现的方式"框架"自己。

然而，即使这个概念也不能完全和他过去的政治态度脱离关系。虽然海德格尔不能在学校讲课，但是能够讲话的场合还是很多的。海德格尔1949年在布莱梅的讲话题目就是"框架化"。在演讲中，他用工业革命的比喻来描述死亡集中营。乔治·帕蒂森在对海德格尔后期著作的研究中引用了这样的话，"农业成了摩托化的食品工业，在本质上与在毒气室焚尸炉中处理尸体没有不同，和国家的饥荒、氢弹的生产没有不同。"

对这个观点的解释可以有多种不同的方式。在其中一个层面上，把纳粹大屠杀轻飘飘地和其他摩托化过程相提并论会让人们感到恐怖。但是难道不能和氢弹制造类比吗？或许人们应该接受海德格尔确实在探索人类存在的最深层结构，不管作为个人还是作为社会。当然，正是现代科技让大屠杀成为可能。虽然历史上有很多不依靠科技大量屠杀的例子，但是这能减少我们应该感到的恐怖吗？对于那些呼吁给动物权利的人，工厂形式的饲养动物确实和大屠杀类似。我们需要作出判断海德格尔的评论到底是表现了对人类社会基本结构认识的客观性呢，还是他有意识地逃避曾经支持纳粹的精神压力，而把人类痛苦的包袱让更多的人来承担。

1948年，雅斯贝尔斯在瑞士写信给海德格尔询问他们的友谊能否恢复。他说："我从遥远的过去给你打招呼，越过时间的深渊，紧紧抓住那些曾经把我们连在一起的东西。"海德格尔充满感激地回应，直到1950年才提起纳粹这个话题。在一封著名的信中，海德格尔说他不去看望雅斯贝尔斯不是因为其妻子是犹太人，而是因为他感到羞耻。雅斯贝尔斯刚开始对这种悔过感到欣慰，把他看作误入歧途的人。但是海德格尔继续攻击那些破坏德国的人，把德国的苦难和犹太人的苦难相提并论。海德格尔说只有某种神秘的东西或神秘的人的降临才能拯救德国，这种说法雅斯贝尔斯怎么也不能接受。他看到海德格尔现在成了反哲学家，不可救药地被纳粹毒化了。

也许人们应该对海德格尔仁慈些。更糟糕的人可能至少保持沉默。海德格尔指出屠杀本质的非人化和机械本质应该被看作是对技术普遍影响的阐述。但是如果要这样解释，在对那个时期发生的恐怖事件的任何别的描述都缺乏的情况下，我们可以原谅这个思想家的缺陷，但是对于一直强调人类的自我理解对局限和死亡意识的意义的哲学家来说，对德国大屠杀采取这样一个就事论事的非人性观点显示海德格尔根本没有直面丑恶现实的勇气。

伦理学不会导致在任何意义上的我们所理解的"善"的行为。它只是提出了理性的框架，在这个框架中可以来讨论所谓的"善"。同样的，存在主义提出了考察人类生活意义的框架，它本身并不提供人类应该如何生活的药方。在这个意义上，存在主义在善与恶的行为上是中立的。

如果说海德格尔有恶的行为，那是他有意识地运用其哲学来为具体的政治运动提供支持。当时的许多人都看出来纳粹运动对海德格尔一直很高兴进行思考的整个哲学和学术环境都会带来灾难性影响。

总的来说，海德格尔的战后言论只能从最坏的理由来原谅。也就是说，他在一种很高的抽象层次上笼统地思考，具体的现实就算是大屠杀也显得渺小。就好像柏拉图时期的哲学家回到洞穴时期，和同时关起来的囚犯描述在洞穴壁上显示的大屠杀的图像，但是只觉得不过是完全表面的生活不幸和摩托化方面的事件而已。

考虑到海德格尔指出把经验的客观性只作为有用的或可被操纵的框架化的危险，他或许应该主张大屠杀是犹太性和德国民族主义问题框架化的结果。如果他那样做了，至少可以把大屠杀看作人类为了自己的利益操纵和阻止别人思想的危险倾向的例子。但是他好像没有再前进一步，因此大屠杀一直是海德格尔后期著作中基本没有触及的话题。

还有人从别的方面对海德格尔早期著作提出严肃的质疑。在对海德格尔的研究中，帕蒂森认为根本的问题是海德格尔虽然区分了生活的深层本体论结构与位于表面具体的东西，但是在他充满热情地直接应用在国家社会主义时却忘记了进行同样的区分。最接近认识到这点的是海德格尔1935年在一场题为"形而上学简介"的演讲中，将如火如荼开展的国家社会主义运动的哲学和他所说的这场运动的内在真理和伟大意义（也就是全球技术和当代人的碰撞）进行对比。或许他应该在早期就小心区分本体（理想）和实体（现实），或许就能防止国家社会主义的本体和实体的混淆。如果是这样的话，我们就会觉得这是因为我们感情上的深深眷恋而引起的思想观点上的差错：一个对不可接受的事情的故意漠视。对于像海德格尔这样的哲家来说，这个错误是否构成"糟糕的行为"仍然是可以辩论的话题。

1949年出版了两本纪念他60岁生日的文集，那也是海德格尔被官方限制保持沉默的最后岁月。在得知法国当局出版了关于他的最后报告后，他也意识到限制其教书的禁令也要解除了。1950年的冬季学期，海德格尔又回到了弗莱堡大学的课堂。他的首批演讲也成为他正式退休前的最后一次。评议员投票同意给他荣誉教授的地位，这和他对胡塞尔的做法相比算是非常慷慨了。

1950年，汉娜从美国返回德国，和海德格尔和解。不过这次他们的命运颠倒过来了。汉娜的国际知名学者地位能够帮助海德格尔在美国出版著作。她早先对海德格尔亲纳粹的立场大肆攻击，虽然她知道这部分是其德国浪漫主义的表现。现在汉娜修正了早先的批评，尽最大努力弱化其亲纳粹的成分。对她来说，他们的和解标志着她早年热恋的结束。海德格尔处于被动境地，需要别人的帮助。汉娜的关系网和影响力可以助他一臂之力。

他们本来打算在余生保持相互之间的联系，但是很明显，海德格尔不想承认汉娜作为哲学家的成功。但是这并没有妨碍汉娜继续解释海德格尔的行为，虽然她自己对于纳粹和大屠杀的文章，包括罪恶本质的认识都是引起很大争议的。具有讽刺意味的是，对政治哲学发表看法的不是海德格尔而是汉娜。即使有汉娜的支持，海德格尔也无法系统地篡改自己的历史。汉娜1975年12月4日突然在曼哈顿去世，海德格尔很快也奔赴黄泉。

海德格尔后期的著作涵盖社会和政治的众多议题,他对生活各方面的机械化和工业化持强烈批评的态度,对大众社会及他看到的浅薄表示高度的怀疑。但是海德格尔对艺术表现出浓厚的兴趣,谈到能够反映现实的不同层面,当然也承认艺术特性决定的局限性。虽然退休后他继续写作和演讲一直到去世,但是如果组织出版他晚年的所有文章,很难找到像《存在与时间》这样单一的题目。

在1959年,海德格尔成为其家乡的荣誉市民。谈到家的概念,他指出在自己的家里看电视不是在家,而是被电视节目领到了别的地方。他说:"现在被称为家的地方面临解体和消失的危险。"海德格尔担心人类正走向没有家的状态,整个世界变成资源的组合。如果他是对的,那将是框架化的最后威胁,和他早年在梅斯基尔希镇的生活,作为祭台助手帮助父亲在墓地干活形成鲜明对比。

在1966年接受《明镜周刊》采访时,海德格尔至少试图解释和纳粹运动的关系。在文章中他说民主作为政治意识形态来对付技术给社会带来的影响是不够的。很明显他赞同国家社会主义,不过批评其过于狭隘,这或许反映了纳粹党没有能满足他1930年早期希望的国家社会主义的标准。如果这个采访在20年前发表,或许能帮助改善他战后的声誉。

1976年5月25日,海德格尔在家乡梅斯基尔希镇去世,这再恰当不过了,人生的车轮转了一个完整的圈。

那么我们怎么评价海德格尔"糟糕的行为"呢?说他赞同

纳粹后来所有的行为都是不符合实际的。人们在1930年早期不能够预测后来纳粹统治的恐怖和残忍，这个观点在帕蒂森的文章中表达得非常强烈。但是让人觉得麻烦的是在战后和大屠杀的事实公布后，海德格尔并没有做什么事情试图和导致这些灾难的意识形态保持距离。麻烦在于按照他自己的哲学，有些时刻影响"此在"。在他看来，其中一个时刻就是1933年他所渴望的德国人的新开端和自我确认。承认自己观点是完全错误的需要极大的勇气，到了晚年他才做到了这一点。

海德格尔针对汉娜的糟糕行为不比其他行为更坏。与人通奸并不能说这个人不能成为哲学家。问题是他的行为伴随着对犹太人学生和同事的歧视，更可恨的是，他对胡塞尔的态度。这简直是不可原谅的。海德格尔曾经把《存在与时间》献给胡塞尔，后来他又取消了。这种试图掩盖变成尴尬事实的思想渊源以及私人感情的行为太不够意思，是小人的做法，或许让他自己也很痛苦。海德格尔意识到在大学里推动国家社会主义，犹太人团体肯定要付出代价。

不管是尼采还是海德格尔都强调个人自我理解和自我确认。或许更让人不安的是承认这类哲学给伦理和政治带来的直接和立刻的影响。如果沃林等人的批评是可以接受的话，一个让人恐怖的阴影就笼罩在海德格尔存在主义哲学上空，它给予人们意志和冲动，却没有指出人们前进的方向。没有这个对自我确认的评价标准，任何事情都有可能。因为没有提供一个评价行为的标准，存在的思想将成为任何不良行为的遮羞布。存在主义成了哲学的流弹。

在评论海德格尔的时候,史玛德说"他有自己的文化民族主义,"而且把他描述为"古鲁精神领袖"。这可能概括了海德格尔和纳粹行为的关系这个难题。对本书中包含的一些哲学家,他们的自我价值意识确立是在早年攻击父母、监护人,或祖父母的过程中。卢梭和萨特在自传里都承认,他们进入成人世界时被承认是最聪明的。他们是天生早熟的人,但是对海德格尔不能这样说。海德格尔出生在农村,通过天主教堂逐渐进入学术领域,从根本上说,他是个农村娃,从来没有丧失家乡的认同和天生保守的文化眷恋。

但是海德格尔显然被当作精神领袖,这可以从他那充满神秘穿透力和吸引力的权力演讲以及大量追随他的杰出崇拜者中看出来。任何一个精神领袖要抵御的诱惑就是推销批评性的自我评价,并开始相信别人的赞美是当之无愧的。或许海德格尔的自我更大,把自己看作德国民族主义的化身,是国家社会主义的哲学代言人,因此能够暂缓对希特勒作出批评性评价。后来面对自己曾经拥护的事业所犯下的滔天罪行,海德格尔却躲躲闪闪不愿评论,不愿意放弃伴随其成长的内心深处的传统意识。他更愿意站在抽象的层面上把大屠杀看作技术的罪恶,不愿意面对丑恶的现实。

海德格尔对德国人和德国文化认同的复兴希望没有实现,事实上被和他结盟的希特勒及其纳粹党狠狠地伤害了。也许正因为这样,海德格尔继续相信有个问题需要探讨,不能因为纳粹的实际暴行就避而不谈,不管最终有多么恐怖。在《存在与时间》中他说每一个选择和每个"此在"都是扎根于具体的时间和地点的,海德格尔自己陷入了忽视纳粹政权残暴现实的陷阱,只在他们身上投射民族复兴的希望。

海德格尔作为讲堂上最有挑战性的大师从不灌输自己的思想,而是提出发人深思、启迪智慧的观点要求学生独立思考。但是他自己仍然热衷于农民默默无闻的简朴生活。

哪里是他真正的家呢,是弗莱堡还是托德瑙堡?他是个真正投身学术的人还是希望是个自我确认的简单存在的农民呢?好像是后者推动他对国家社会主义作出正面的评价,甚至把犹太人看作优雅和智慧的典型。他们的优雅迷人让他流连忘返,不管是阿伦特这个人(正是他的德国妻子丽德的对立面),还是柏林教授职位的诱惑。但是一旦功成名就,海德格尔宁愿待在外省的大学,待在托德瑙堡或其出生地附近的别墅里。如果他的思想体现了一种德国文化民族主义的话,这一点都不奇怪,那是因为这就是他的宇宙枢轴。

不管是演讲还是吊带皮裤,海德格尔好像都试图融合协调两者,两者的结合以某种方式构成了他的哲学。

在享受了犹太情人和犹太导师的好处后,为了推行反犹太人意识形态,海德格尔采取了忘恩负义的卑劣做法。但是他这么做是因为其对德国出身和德国文化的浪漫观点造成的。

特写

爱洛伊丝情结

风骚和智慧在历史上总是结合在一起。爱洛伊丝和阿伯拉尔是历史上最著名的恋爱事件。但是他们注定失败的关系只不过和最早期的苏格拉底和亚西比德的关系，以及刚才探讨的海德格尔和汉娜的关系一脉相承。当然还有别的，不过不怎么出名。老师和学生尤其是年轻女学生的亲密关系是真正教学的核心，其中夹杂的往往有英雄崇拜和强烈的性诱惑。这就是爱洛伊丝情结。

爱洛伊丝在遇见阿伯拉尔的时候，只有10多岁，以聪明和美貌著称。阿伯拉尔比她大将近25岁，1079年出生，是他那个时代最有智慧的人，被称为大师中的大师，吸引了欧洲各地的学生慕名而来。在罗马帝国灭亡以来，阿伯拉尔第一个复兴了辩证法的学说，这让他在巴黎成为智慧追求的象征。据说他的学生超过5000人，其中有50个成为主教、红衣主教、修道院院长，三个成为教皇，全是欧洲思想、政治贵族精英，但是他们全都没有像爱洛伊丝那样重要。她是阿伯拉尔的房东富尔伯充满激情和头脑敏捷的侄女，到他这里学习哲学的。

除了规定的哲学和神学课程外，他们还共同学习拉丁诗人中最色情的"奥维德"。爱洛伊丝后来写道："我盲目地听从他的命令。"里面可能有有趣的不同说法。因为阿伯拉尔的回忆录间接提到带有明显性色彩的体罚。几个世纪后卢·莎乐美把这个关系颠倒过来，在一张照片中显示她拿着鞭子抽她未来的老师和情人——忧郁的尼采。但是对阿伯拉尔和爱洛伊丝来说，肯定有灵与肉的完美结合，虽然可能次数不多，这种激情太强烈了不可能持久。因为紧接着灾难就来了，阿伯拉尔被富尔伯雇用的歹徒给阉割了，从此从公众生活中消失。

这对恋人后来的书信显示爱洛伊丝是两者中更坚强的、更少自怜的。因为她劝说他回到修道院和学术生活中来。如今任何哲学或文学教授胆敢动一动学生的手指头，虽然不至于被阉割，但肯定面临更常见的惩罚。有人说，严格限制老师和学生的接触这种做法对双方都是有害的。

第七章

让-保罗·萨特(1905—1980)——
魅力无穷,风流倜傥的思想暴君

> 因为我失去了默默无闻死去的机会,我有时候自我吹嘘说我一辈子都遭人误解。
>
> ——让·保罗·萨特《词语》

1974年的巴黎，主导这个城市哲学生活达30年之久的让·保罗·萨特失明了，身体由于过分透支而垮了下来。但是他没有停止思考和回忆，记录了两个系列的采访记，一个是他长期的伙伴西蒙·波伏娃，另一个是列维。前者出现在她写给萨特的悼词1981年出版的《告别：再见了萨特》的末尾。该文记述了萨特的神经质，对被女人征服的恐惧，以及对母亲有乱伦倾向的爱恨交织的矛盾感情，这些主宰了他的性生活和思想。对被抛弃、完全被一个人占有的恐惧阻止了萨特完全爱一个女人。而且更有意义，更让人吃惊的是，萨特承认这个情结是其哲学的核心。萨特的生活和哲学在很多方面就是被摆脱母亲影响的需要以及假装没有的超级自我意识所支配。早熟的他从小时候玩游戏，到操纵其家人，到成为公认的哲学巨人和思想暴君，萨特的生活都可以用他自己的标准来评价：是按照真性情来行动，还是虚假的自我欺骗。萨特的法国人性格，聪明，多产，固执，讨厌孩子，讨厌动物等已经够让人谴责一阵子了。虽然这些是不是构成"糟糕的行为"是另外一回事。

萨特的著作多得惊人。除了是杰出的哲学家以外，其才华表现在许多方面：剧作家，小说家，政治鼓动家，影响巨大的刊物《当代》的创办人。到1940年末，他已经提出受大众欢迎的、具体化的存在主义，一种强调通过个人创造性自由来影响和确定自己生活的哲学。到了20世纪50年代和60年代，萨特讨论这个时期的重要政治问题：西方思想和马克思主义关系问题。从1980年4月15日关于萨特去世的报道中可以看出，其主导法国报刊的影响力和知名度。《世界报》用8版的篇幅介绍他的生平和著作，《费加罗报》把他称为"法国思想的最后一位大师"。《解放报》宣称"他的死宣告了我们这个时代真正自由的人的消失。"他的国际声望让他的照片和死亡消息刊登在《纽约时报》和《华盛顿邮报》的头版。世界各地的慰问电雪片般飞来。法国总统德斯坦到医院看望，在他的灵柩旁静静独自守候了一个小时。送葬队伍行进途中巴黎有超过5万人站在街道两旁为他送行，往蒙巴纳斯公墓的行程异常缓慢。不管他的毛病和缺陷有多少，萨特几乎成了法国生活和文化的化身。

萨特出生于1905年6月21日。他的父亲在他只有一岁的时候就死了，守寡的母亲安妮·玛丽·施韦策只好回去和父母一起生活。他母亲是著名的牧师和神学家艾尔伯特·施韦策的堂妹。在后来的5年里，萨特面对的是严厉、武断、昏聩的外祖父，让人望而生畏的外祖母以及被他们当作孩子一样对待的母亲。这不是生活的好兆头。萨特1964年出版的自传夸耀童年时代的早熟和智慧的超前发展，但同时也显示了其神经质和对女人矛盾态度的根源。

萨特承认在童年时期他做的任何事情都是为了显摆。他的一举一动都在表演，考虑如何讨人欢心，成为别人喜欢的人。如果他做的事情没有引起别人的惊叹和赞扬他就觉得丢脸羞愧，一想到自己可能是个普通人，没有什么特别之处就感到恐惧。萨特是个幻想丰富的人，童年时代的作品都是故事，几乎全部集中在自己如何成为英雄、拯救别人、谦逊地接受别人的称赞。由于没有英雄的父亲，所以就按照他自己夸大了的形象不断创造想象中的英雄。在他和成人的交往中，他清楚地学会了如何操纵他们："如果他们宠爱我，我就尊重他们。"他甚至相信宠爱他的家庭成员告诉他的话："我从来不强迫或限制自己利用美德：我自己发明。我享受让听众的心悬起来的演员王子般的自由，不断改进自己的演技。我被崇拜，因而我是值得崇拜的。"

只有他的外祖母不够崇拜他，因为看穿了他的小把戏，这让他非常焦虑。

萨特生活中的一个重要特点就是和母亲的关系。他说无法尊重自己的母亲，因为别的人都不尊重她。别人几乎把母亲和他当作姐弟看待。有20年的时间他们睡在单人间的一张双人床上。母亲就像一个小姑娘，生活中的职责就是照看他，作为回报，他这个自己小说中的英雄应该保护她不被别人欺负。所以他逐渐产生对她近乎乱伦的倾向就没有什么奇怪的了。所以母亲再婚对他来说简直就是晴天霹雳。萨特发现自己从巴黎迁居到了拉罗歇尔，他的继父约瑟夫·曼西在那里是负责海军造船厂的工程师。萨特把继父当作入侵者，篡夺了自己在母亲心中的位置，所以对他恨之入骨。从感情上来说，萨特很难接受母亲是出于爱情和曼西结婚的。在他童年的故事里，萨特喜欢讲让人毛骨悚然的惩罚暴君的故事。这很难说是否认超级自我意识的人的行为，也许他希望自己家庭里的暴君有类似的下场，包括他的继父和外祖父。值得注意的是,萨特后来的观点表明他对继父的憎恨越来越大,甚至涵盖了曼西代表的资产阶级生活方式及其一切。

但是萨特也害怕一个人和母亲住在一起。在和西蒙·波伏娃的对话中,他说在13岁的时候他因病住院三个星期,他母亲睡在他旁边的床上,他承认假装睡着就为了看母亲脱衣服。他憎恨继父和拉罗歇尔,不断反抗,从母亲那儿偷跑出去,最后被在巴黎的外祖父又送回来。

萨特在谈到童年时代心理的时候,好像有个盲点,一个不愿意承认的影响。在写自传的时候,即使像《词语》这本流畅和引人入胜的自传,也不能保证人可以免受童年时代的影响。萨特相信父亲的去世让他摆脱了生活在权威下的命运。"如果他活着,肯定把我打倒在地上,踩上一脚。"他轻而易举地用弗洛伊德的理论来解释这个事情的意义。"是好事还是坏事?我不知道,但是我很高兴接受这个伟大心理学家的判断:我没有超我。"

萨特的这个结论有点奇怪。他的外祖父和继父都适合产生超我的角色。作为孩子他看书很杂,但是我们怀疑所有这些都是为了讨好其外祖父。按萨特的描述,他长着上帝的模样,高雅,威严,有气派。他不敢肯定外祖父是否爱他,或只是喜欢被外孙处处依赖的那种好感觉。然而萨特声称缺乏这个超我,意味着他不迷恋权力。"我不是头儿,也不愿当头儿。下命令和执行命令其实是一回事。我一生中从来没有遇见过下命令的时候不笑出声来或让别人发笑的情况。事实是我没有被权力的恶蛆蚕食，别人也没有教我如何服从。"

但是这不妨碍萨特以个人自由的名义攻击任何形式的权威，折磨控制他的人。从学校时期开始往后，他拼命地工作，为的就是能够用自己的智慧力支配别人。常常有人指控萨特在思想上欺侮别人，他需要支配意识。尽管在自传《词语》中有不少自我贬低的用语，萨特只是表明了作为思想巨人显示傲慢的方式而已。

萨特声称学校和家庭的生活形成对比，在朋友之间就可以放下在家庭中取悦人的伎俩。经常得病，个子矮小，以及由于童年时疾病耽误治疗引起的视力缺陷，他肯定非常清楚自己的不利条件。由于外貌丑陋，萨特就努力在思想上表现突出以便吸引女生的注意。

在经过了痛苦的拉罗歇尔的流放之后，他回到了巴黎最好的学校之一贞德中学，后来转到路易大帝中学，最后在最知名的高等师范学校读书，同学中有西蒙娜·薇依，列维·施特劳斯，莫里斯·梅洛·庞蒂，让·玻利特，他发现自己已经走在通往名家的道路上。

上学期间萨特的时间分成两部分，一方面是贪婪地阅读，影响他最大的思想家包括笛卡尔、柏格森和尼采。另一方面就是喝酒和聚会。逗人的笑话、机智和幽默的谈吐、犀利的评论、大胆的幻想，以及他的丑闻和恶作剧都是非常出名的。萨特的幽默搞笑往往非常尖刻，不留情面。

让他惊讶的是，他在第一次考试的时候竟然没有及格（无疑是因为他对传统思想的蔑视，以及考试的单调要求），但是在第二年得了第一名。在1929年期末考试中紧随其后的是个跳了一级被同学戏称为"河狸"的21岁学生，可见其勤奋和精力充沛的程度。这人就是西蒙·波伏娃。萨特找到了伙伴，波伏娃从外貌上、社会行为上对他教化熏陶，但是在思想上对他提出挑战。这奠定了他们终生关系的基础，他们拒绝结婚（那太资产阶级了），但是同意两人的关系优先于其他任何与别人的关系。他们有单独相处的时间，不需要在性上相互忠诚，除了保证他们的关系优先于别人的关系外。他们两个的关系是必需的，各自与别人的关系是附带的，偶然的。谁都可以另外找情人，谁也不会去阻止，完全透明的诚实。对于一个已经有喜欢喝酒和女人的名声的学生来说这是最理想的安排了，也是一个回避表面的体面的机会。在她的自传《鼎盛人生》中波伏娃坦率地承认，她同意这个安排是因为并不指望他会放弃"诱惑力的多样性"的女人追求。

然而情况更为复杂。波伏娃是个双性恋者，有很多的情人。她也不排除与萨特分享同一个情人，他们与奥尔加·科萨切维茨的关系恐怕是最深刻的一个例子。

18岁的奥尔加是波伏娃的学生，被介绍给了萨特。他们曾经讨论过可能的意图，就是建立一个三角关系。这个设想没有成功，因为在两年的时间里萨特疯狂地爱上了奥尔加，他发现很难再保持与波伏娃的亲密关系，波伏娃后来用这个事件作为其小说《她来住下》的素材。即使这种关系终结后，奥尔加仍然待在他们的朋友圈子里，因为她嫁给了萨特的学生，来自勒阿弗尔的雅克·罗兰·博斯特。这个人的妹妹旺达后来也加入萨特的女眷队伍。

事实上在第二次世界大战爆发前，萨特已经成功地同时和几个女人来往。科恩·索拉尔写的《萨特传记》兴致勃勃地记载了旺达、露西、马丁和路易·威尔登——作家朗布兰（Bianca Lamblin 的笔名）都来到蒙巴纳斯萨特的家中过夜。

最终感到被萨特和波伏娃欺骗了的朗布兰是另一个三角关系的例子，她也是波伏娃的学生，后来落入萨特之手。她在自己的《丢人的风流韵事》一书中回忆了在 1939 年春天，萨特带她到一个宾馆过夜，对她说（用开玩笑的，沾沾自喜的语调）"宾馆服务员会非常吃惊，因为我昨天刚刚夺取了一个少女的贞操。"

她还评论说萨特有个很随便的几乎残忍的做爱方式，证实了他的神经质——无法真心爱一个女人。这和萨特信中描述的情形相反，因为在信中他往往热情似火，浪漫多情。显然萨特最适合的做爱方式就是用他的笔。萨特在一封信中说他们的关系突然中断是因为对她的感情已经枯竭。

不管是在巴黎，还是在他度假的外地，萨特都给波伏娃详细描述与一个又一个女人的性经历。波伏娃后来发表了这些信件，本来想通过显示描述细节的程度证明她在萨特生活中的位置，但同时也产生萨特与其他女人的关系都是逢场作戏的效果。

但是尽管萨特的性经历丰富多彩，1930 年代早期对他来说绝不是开心的时候。因为这些年（除了待在柏林的几个月研究胡塞尔的哲学外）都是以外省教师的身份在他所说的"文化荒漠"的勒阿弗尔度过。他的生活平淡乏味，和巴黎的快乐相差千里。萨特写了8年的小说《恶心》在1938年最终被出版社接受，之前被退稿两次。

不久情况就发生了变化。战争打响后萨特回到了巴黎。有几个月时间他在位于阿尔萨斯的气象台放气球。1940年的6月，他遇上了真正的战争，德国人追了上来，把他和他的同事都逮住了。萨特被关在12D号囚房的时间好像没有对其创造性造成伤害，因为他声称在那里完成了《到自由之路》三部曲中的第一部《不惑之年》，还完成了他最重要的哲学著作《存在与虚无》的初稿。具有讽刺意义的是，一个被德国人抓起来的法国人深深迷上了德国思想家和纳粹精神领袖海德格尔。萨特在《存在与虚无》中提出的存在主义思想在很多方面是对海德格尔《存在与时间》的回应，两人的著作都是建立在胡塞尔的基础上。

依照惯例，德国人会从集中营里释放一些身体状况无法从事任何有用工作的囚犯。萨特不敢冒险越狱投奔自由，但是同牢房里的囚犯告诉他一个简单的事实：只要弄一份虚假的材料能证明其部分失明的右眼使他在接受训诫的时候非常吃力就足以获得释放。萨特依计而行，结果真的被允许返回巴黎，继续从事教书的行当。萨特还帮助成立了包括波伏娃，梅洛·庞蒂在内的知识分子抵抗组织，写了倾向抵抗运动的剧本《苍蝇》。1943年在纳粹鼻子底下的巴黎上演。那年他出版了《存在与虚无》，第二年出版的《隔离审讯》被改编成《没有出口》搬上了舞台。萨特还完成了《到自由之路》的前两部《不惑之年》和《缓期执行》。可见他战争时期的著作量是惊人的。随着战争的结束，萨特放弃了教书的工作，创办了文学刊物《当代》。这标志着其生活和命运的转折点。

萨特的小说包括《恶心》和《到自由之路》三部曲都探索了其存在主义哲学宣扬的充满陌生和绝望感觉的经验现实。对他来说，存在主义产生于对自己斗争的反思，意识到自己充满局限性的生活。萨特想探索真正投入生活是什么样子，而不是仅仅用不真实的方式按照别人的期待亦步亦趋。在这点上萨特推进了海德格尔的思想，海德格尔同样看出了佩戴面具采用公众角色而非真实生活的问题。

面对生活的偶然性（从有限的意义上说，总是会因为情况变化或因别人的行为而发生改变）和不确定性，任何事情都没有绝对的合理性：没有哪个指导书可以说什么是绝对的正确，什么是绝对的错误。由于恐惧我们被诱惑拒绝承担自己行为和选择的责任，依赖于被当作外来影响的解释，接受别人给我们指定的角色。在萨特看来，这就是"不诚"（mauvaise foi，糟糕的忠诚）。这种情况与其小说类似，萨特小说的主人公往往面对不确定和模糊的情形，不得不面对自己和自己的选择。其中一个经典的例子是《墙》，主人公面对生和死的困境，不管如何选择都要背叛朋友。萨特详细阐述了"不诚"的概念，指出自我欺骗的把戏，尤其是区分好像不是自己一部分的非意识的欲望。他特别指出，不诚只是部分真实，并非真正的表里如一。萨特还批评了诱惑我们追逐"可能的自己"而不是专注"现实的自己"的倾向。因为这个趋势鼓励我们陶醉在幻想中而不是面对现实，落入竭力满足别人的期待而不是成为真实的自我的危险。

萨特反对从严肃的道德规范推行"不诚"。他关心的是人们应该表里如一，而不是简单地回应别人的期待。显然他发现固定的准则令人窒息，但是愿意接受个人决定的严肃性。这种个人决定好像反映了拒绝沉思默想的哲学，赞同基于个人两难困境和生活选择忧虑之上的途径的克尔凯郭尔式存在主义。

出版于1943年的《存在与虚无》是了解法国存在主义的重要著作。在其中萨特发展了克尔凯郭尔、海德格尔的理论，开始探索人类自由的困境，和对真实性的欲望。萨特的成功以及一般意义上的存在主义成功与时代背景不可分割。这个理论对于那些被迫生活在当前、永远被不可知的命运所威胁的战争期间的人民特别有吸引力。

萨特的思想核心是两种不同形式的存在：积极的、自我意识的、思考的、怀疑自身的存在，以及非个人的、接触到的物体材料本身的存在。用最简单的术语，这些可以和笛卡儿把现实分为思想和物质的说法相比较。我们有责任选择和思考，这就是所说的自身存在。但是自身存在也可能受到威胁，因为它在客观世界没有固定的、看得见的具体东西相对应。因此人们总是面对逃避虚无威胁的诱惑，去接受一个非个人的、俗套的作为实体的自我形象，而不再思考自己是谁。要了解自己就像要当个"侍者"或"哲学家"是要否认个人的、思考的、选择的自身。这就是萨特所说的"按不诚行事"，其对立面就是存在主义的理想境界"展现真实的自我"。

《存在与虚无》虽然基本上是严肃的本体论分析，但也包含了体现萨特性观点的内容。萨特认为爱情关系要么导致施虐狂，要么导致受虐狂,从来不可能是对等平衡的。他谈到女性就是需要男性来填补的"敞开的裂缝"。显然女性代表"自在",男性代表"自为"(for-itself),因此女性没有解放,男性必须努力奋斗战胜可能被"自在"闷死的危险来确保自由。

为了克服其对乱伦诱惑的恐惧,萨特把"自在"变得尽可能地没有吸引力。在"做和有"一节中,他探讨了碰上黏糊的东西——柔软的、易适应的、容易粘在你手上的东西的隐含意义。虽然一般来说"自为"是肯定的和积极的,与"自在"的被动的、固定的、确定的特征相对照,但是黏糊的"自在"倾向于抓住和吸收"自为"。萨特对黏糊的东西的描述就像从调羹往下滴的蜂蜜,或者吹起的洋娃娃瘪下去,或者女人躺下的时候乳房往周围扩散扁下来。黏糊的东西好像易驾驭,但就在你拥有它的时候,它也拥有了你:

这是个软弱和顺从的行为,是潮湿的和女性的吮吸,它悄悄地活在你的手指下面,我能感觉到它让人眩晕,吸引我走进它,就像悬崖的底可以吸引我一样。在黏糊中有一种能感觉到的痴迷,在某种程度上,它像你拥有的东西那样温顺听话,当你不再需要的时候,仍然像狗一样的忠诚。但是在另外的含义上,这种温顺下面有一种偷偷摸摸的被拥有者对拥有者的占用。

这可能是抽象的本体论分析中最接近性高潮时期的描述。

但这不是快乐的性释放,而是看到其生命被女性吮吸掉的男性的恐惧。萨特继续把它描述为像"寄生虫一样"的"阴险的甜蜜的女性报复"。他还担心男人在性行为时被阉割。因此自为通过理性的思考从自在束缚中获得解放,代表了清楚明白的男性的活动。这好像强化了男性处于主导地位的观点，即理性是男人的专利，女性总是感情上吮吸和黏糊。

性的联系在萨特的剧本《密室》中再次得到确认。该剧描述三个人一起来到一个没有窗户的封闭房间。值得注意的是有两个女人，其中一个艾丝黛尔非常年轻，另一个伊内丝对这个单身男性加尔森来说更像一个挑战。没过多久，加尔森就对伊内丝说，"我不会听任自己陷入你的泥沼中，你柔软黏糊就像章鱼，像沼泽地"。这些用语和《存在与虚无》中描写本体的用语一样。伊内丝也描述了死亡时刻，她知道永远也无法实现她的梦想，认识到"你就是你的生活，别的什么也不是"，表达了存在主义主题：存在先于本质。

在剧本的最后，当三者之间的关系变得难以忍受时，出现了著名的诗行"不再需要炙热发红的阴茎了。他人就是地狱。"萨特应该知道，这个剧本的背景就是他和波伏娃和奥尔加以及后来与朗布兰之间地狱般的三角关系。没有比这更明显的证据显示萨特和女人纠缠的苦恼生活本身与其文学作品和哲学著作密切联系了。

因为萨特无法完全投入去爱女人，所以不可能得到真正相互回报的关系。在他生命即将结束的时候接受采访，萨特对伏波娃说"自在"对他来说什么也不是，因为那个时候他是主动的角色。换句话说，他把女人当作物品，尽管他承认正常的情况下应该是相互性的。因此人们得到的印象是在晚年萨特意识到了《存在与虚无》的缺陷，承认其哲学在某种程度上受到了他和女人关系的影响。

为1945年出版的《存在与虚无》提供了大量灵感的海德格尔发现了该书的其他缺陷。虽然佩服萨特的文学才华及其对人类行为的描述，海德格尔还是觉得这本书难以卒读。那个时候很多书为了标新立异，书页都折叠起来，就像印刷的时候一样，需要先裁开然后才能阅读。因此如果不用一下裁纸刀，你就没有机会说已经阅读过这本书。海德格尔只裁了40页。1952年萨特到弗莱堡看望他，回来的时候非常恼火，抱怨说海德格尔看上去像退休的上校，一直在对羚羊皮猎手帽子讲话，此后很少再提到海德格尔。人们可以想象老纳粹分子对法国存在主义者做了什么。

1945年10月，萨特的演讲"存在主义是人道主义"标志着战后法国文化大众力量的到来。萨特穿过拥挤的人群，与相识者寒暄后走向演讲台，不带讲稿，对充满激情和期待的听众大声讲话。很难评价萨特在前些年发表的著作如《恶心》《墙》《存在与虚无》《到自由之路》三部曲中的两部，以及创办《当代》杂志到底产生了多大的影响力。他在演讲中强调存在主义已经到来，他的根本立场是存在先于本质。换句话说，每个人都能决定自己是什么样的人，确认自己选择的生活，没有什么东西是事先确定好的、固定不变的。

这个观点适应了当时那个环境，迅速流行起来。甚至对那些对存在主义一窍不通的人来说，存在主义反对传统，确认选择的自由和自己喜欢的生活方式，提供了改变自己将来的可能性。从保守派的观点看，萨特显然是鼓吹可怕的新哲学，误导年轻人。1948年，萨特的所有著作都上了天主教会的禁书榜

(禁止天主教徒看的书的名单)。这一点都不奇怪,因为萨特著作的一个重要特征就是没有固定的人类本质(不管是上帝给的还是其他),鼓励人们改变自己的生活。存在主义不仅破坏了任何形式的绝对道德伦理,而且是个根本否定了不管是人文的还是其他有目的的智慧设计观念。从天主教的立场看,萨特是在宣扬道德虚无论。贝尔纳特·亨利·列维的传记记录了这个时期针对萨特的别的指控,说他下流放荡。《密室》在英国列为禁书。

　　对于个人,自我创造是通过行动来实现,但是对于哲学家来说,重要的就是坚持自己的观点。萨特的观点通过其对政治和社会事件发表的评论得到强化和发展。对于一个最看重自我表现欲和决心的人来说——实际上这是存在主义的核心,萨特对任何资产阶级的东西表现出天生的抵触情绪,这一点可能让人觉得奇怪。因为其独特的背景,萨特好像注定要摧毁自己赖以获得目前地位的条件和手段。通过专注于个人,萨特好像(不管是有意识还是无意识)忽略了让个人能够找到发言权的社会母体。正是这个狭隘性遭到福科和其他后现代主义者以及结构主义思想家的批评。个人只有在社会背景下才能找到他自己和他生存的意义。就像在小说《墙》中囚犯们只有在被告知第二天早上要被枪决时才会考虑死亡问题。

　　但是萨特对自己取得的名声和影响并不敏感,往往通过贬低别人来抬高自己。有时候他的行为好像按他认为正确的方式去做的,即使如此,他的行为往往给别人带来巨大的伤害。他对待让·热内的态度就能说明这些。1952年萨特答应给让·热内（虽然是个作家，但是典型的非资产阶级，出身工人家庭，同性恋者，坐过牢，那个时代对同性恋者和犯人都有非常负面的看法）的著作写序言，让他的著作扩展到690页，以《圣热内》的题目出版。在书中他称赞让·热内，把他当作英雄，但同时取笑他。表面上是关于让·热内的故事，实际上该书写的是萨特自己。让·热内只是成了萨特自我暴露和提升的另外一个工具而已。1964年，让·热内承认他感到自己被扒光了衣服，有六年的时间根本就无法写作。但是萨特开头就描写了让·热内对世界风暴的恐惧。萨特明明知道暴露隐私可能对人家的影响，却硬是这么做。虽然谈不上残忍，因为他也希望为让·热内赢得些什么，不过这反映了萨特的自负，随心所欲地为患者开药，不管他吃了这药后会多么痛苦。

更糟糕的是萨特和加缪决裂时表现出的傲慢和极端残忍。加缪提出自己独特的存在主义途径，作为起点他强调生活是荒谬的，寻找道德和政治承诺会产生这样的情形。两个作家有几年的时间友好相处，萨特喜欢在宴会上由加缪陪伴，他们可以开些下流的玩笑。萨特也很欣赏加缪的作品。萨特的《密室》就是献给加缪的，他还邀请加缪参加他的《当代》的编委会。但是考虑到他们的作品和兴趣如此相近，和加缪一旦受到批评可能就暴跳如雷的脾性，两者关系紧张也许是不可避免的。

最后的冲突起因于1952年刊物《当代》编委会对加缪的书《反抗者》的评价。由于评价很糟糕，加缪提出反驳意见。萨特为此写了公开信回应，信中除了蔑视加缪没有别的，专挑加缪的痛处和弱点来伤害他。谴责任何敢于挑战萨特权威的人，这是一种思想上的霸道行径，里面充满了恶毒攻击和故意伤害。一方面充分显示萨特出身高贵、在名牌学校高等师范学校受教育的背景，另一方面恶毒攻击基本上靠自学成材的来自阿尔及利亚殖民地有文学天赋和政治责任心的青年。这其实也是萨特"不诚"的表现。他和加缪这些年的友谊和合作都算什么呢？如果他这么明显地蔑视人家的著作，为什么这么长时间都非常尊重他呢？这么公开羞辱加缪的残忍正好暴露了萨特的两面性。正如列维所说，对待有多年友谊和经常合作的好朋友如此绝情是个典型，不仅是轻蔑而且是"不诚"。

萨特的歹毒还有另外一个原因。加缪相貌堂堂，在女人面前总是很受欢迎，吸引了当时和萨特正恋爱的奥尔加的妹妹旺达。萨特对加缪的哲学因为缺乏严肃性而不屑一顾，实际上是发泄对自己在女人面前性权威面临实实在在威胁的不满。可悲的是，直到8年后加缪在摩托车事故中惨死，萨特也不承认他早先对加缪的批评的事实，不愿意为加缪写配得上加缪地位的墓志铭。

和加缪关系紧张的另外一个原因（与最严肃的哲学同事和编辑部重要成员的梅洛·庞蒂也一样）是萨特在苏联态度上几乎莫名其妙的变化。

1952年以前萨特对苏联共产主义持批评态度，不仅在他的剧本《肮脏的手》，同时也通过其刊物（批评劳动党阵营）宣称他已经找到一个区别于共产主义的现代形式的社会主义。后来情况发生了变化。从1952年到1956年，他好像成了苏联宣传机器的喉舌，猛烈抨击美国。同时，别人开始认识到劳改营和苏联政权的其他极端做法。这个观点的改变首先出现在以号外形式出版的《共产主义者与和平》，为斯大林的苏联辩护，否认古拉格的存在。他在1954年访问了苏联，并在"左倾"刊物《解放》上发表了一系列采访记，无耻宣称那里有批评政权的绝对自由。有人批评他不加分析全盘接受苏联的观点，忽视相反的证据，是糟糕的或愚蠢的。1956年他甚至批评赫鲁晓夫诋毁斯大林，继续反对战后抨击苏联政权的最著名的人物索尔仁尼琴。在这些年来的萨特看来，苏联的异端分子都是罪犯。

萨特对专制政权的支持表明他已经深深地迷上了权力和控制，这正是他从前以个人自由、存在主义自由的名义激烈反对的东西。他主动接受的程度是惊人的，有证据表明他赞同最残暴的政权，他看到马克思主义在某种方式上是现代政治思想包含了一切的地平线。他的观点几乎和《恶心》中的自学者一样狭隘，这个人按他自己的方式，按字母顺序在图书馆看书。

如果他不是故意选择被骗的话，像萨特这样聪明和多产的作家怎么能被如此愚弄呢？他已经探索人类自由的局限，自己都声称在这下面有对权威和权力的着迷，这个权力可以无视古拉格，无视异议分子，可以明显地把本质（政治意识形态）放在了存在的事实前面。这个途径和他早期一直在鼓吹的存在主义正好相反。萨特对马克思主义政权的拥护除了用他自己的术语"不诚"外还能更好地解释吗？

只是到了1956年11月苏联入侵匈牙利时，萨特才开始采取批评的态度，整整20年之后他才承认在苏联问题上撒谎，承认说了他根本不相信的话。但即使这个时候他还为自己辩解说他不愿意对好好招待他的人说坏话。对于随时都愿意攻击反对自己的人来说，这是站不住脚的借口。

而且萨特的存在主义和苏联推行的马克思主义旗帜之间也有根本的差异。在后者，行动和正在进行的阶级斗争辩证法相关，个人的行为是历史进程的一部分，因而被合理化了。个人意义减少了。鼓吹个人自由的存在主义鼻祖萨特，竟然支持剥夺任何反对者个人自由的斯大林政权，真是天大的笑话。

人们忍不住猜测萨特不接受苏联共产主义在那些年压迫人的现实是否有其个人原因。萨特不承认自己的超我，否认以权威自居等（想想他对待加缪等人的行为就会觉得这样的说法多么荒谬），他可能更喜欢宣称苏联统治下的自由，不管在一个国家还是在自己的思想领域来摧毁个人是自由而不是权威的力量。如果《存在与虚无》中的自在与自为的核心的思想是由于他与女人的关系而得出的，至少可以想象他的苏联观点是受到他无法确认自己权威地位或者企图审查或禁止向他挑战的人的愿望的影响。

1957年，萨特对苏联共产主义姗姗来迟的批评刊登在自己的刊物"方法与问题"栏目《存在主义的现状》一文中。虽然萨特承认马克思主义是当时主导性的哲学，但是真理总是在发展而不是静止的。他的隐含意义是没有哪个理论可以声称是最终的，都可以被修正。

萨特探索存在主义和马克思主义关系的《辩证理性批判》发表于1960年，在任何意义上都是巨大的成就，是他后期哲学的主要著作。《存在与虚无》是前期的，像更早期的著作一样主要关心的是人的自由。然而现在他认识到我们的自由是受我们以外的东西限制的，这些东西抓走了我们无法控制的价值。换句话说，他把外来决定性的马克思主义行为观和个人自由意识联系起来，通过探索把人们生活的物质条件（马克思主义的起点）和人类的自由和选择（存在主义的起点）联系起来的方式，协调其对马克思主义和"左"倾政治的兴趣与其早期存在主义。实际上萨特发现人类选择的集体行为方式决定了人类历史的方式。因此存在主义占据了马克思主义的整个框架，这是他最满意的一部著作。

1960年，萨特成了政治环球旅行者，访问了苏联许多次。他到访贝尔格莱德得到铁托的接见，到古巴见到卡斯特罗。他甚至对发动"文化大革命"的毛泽东表示支持。这个政治十年是从萨特反对法国政府在阿尔及利亚内战中的立场开始的，他成了整个事件的象征。萨特的家两次遭到袭击。萨特绝对反对殖民主义。政府当局中的有些人认为那些在呼吁书上签字反对法国政府在阿尔及利亚行动是叛国的行为，但是显然没有人对萨特采取行动。戴高乐总统在这件事上的评论是"你不能囚禁伏尔泰。"这是萨特最风光的时刻。

这是选择政治立场的十年。1964年，萨特拒绝了诺贝尔文学奖，坚持说他拒绝任何荣誉（或许因为在他看来缺乏严肃性的加缪在他之前获得了诺贝尔奖，让他忍无可忍）。1966年，萨特加入罗素发起的战争犯罪委员会。他访问埃及和以色列，对越南战争发表演讲，在1968年支持法国的学生起义，甚至布拉格之春之后谴责苏联入侵杜布切克领导的捷克斯洛伐克。萨特本来希望新型的马克思主义能够从捷克发生的变化中得到发展，因此苏联对捷克的镇压对他来说是个打击。萨特仍然是个马克思主义者，但是开始反对苏联了。

多年来，萨特的大量著作是通过兴奋剂、香烟、红酒的混合来支撑的，当咖啡和威士忌无法延长其时间的时候，萨特开始服用安眠药。烈酒和香烟一直是他消遣的选择。他在20世纪30年代服用幻觉剂的经历是非常不愉快的，他不愿意再重复。因为产生的不良后续反应影响了他的视觉和对熟悉物品的认识。这个经历反映在他的小说《恶心》中主人公洛根丁看着栗子树发生的变化。

作为作家，萨特激情满怀，作品产量惊人。他有时候能够一边说话一边记录自己谈话的要点，从来不稍稍停顿一下让别人有说话的机会，他好像根本不在乎别人说什么。

萨特的性生活也是同样惊人的，他的一个传记家写道：以"萨特，情人"作为搜索关键词，会发现至少有波伏娃、奥尔加、旺达、朗布兰，另外还有一个21岁的歌唱家朱丽叶·葛瑞柯，当时41岁的萨特在他1946年的剧本《密室》中为她写了一首歌。萨特还有个美国情人德洛丽丝，两人关系中断后不久，又和米歇尔·维恩交往，他们一直保持朋友关系。年轻时候的风流史就更不用说了。女人是萨特的缪斯，他不喜欢和男人为伴。

萨特的后半辈子发现哲学世界从他采用的途径上转移了。福科等人拒绝了他的创造性物体的现代主义观点。相反，他们关注的是让所有创造性活动成为可能的思想和语言的结构。对这些人来说，萨特强调个人并不能让语言产生意义的整个社会和思想根源合理化。福科把《辩证理性批判》描述为19世纪思想家对20世纪进行预测的有意义的和值得同情的努力。他认为萨特是最后一个黑格尔主义者，或最后一个马克思主义者。

随着时间的推移，萨特懒得对这些批评作出回应，因此在不断前进的思想主流中显得边缘化了。但是在政治上他仍然积极，不仅批评苏联也批评美国的越南战争。正如后来事情发展的那样，他和现行的思想和政治议题越来越脱离关系，专心撰写让他着迷的福楼拜。

1970年，萨特的健康日益恶化，1971年和1974年两次心脏病发作。到1974年他已经失明，需要别人的照顾，包括波伏娃和一个非常崇拜他的学生阿莱特·艾尔肯，萨特1965年正式收养他为儿子。在列维的鼓励和帮助下萨特继续工作后又犯病了，1980年4月15日在医院去世。

不诚？萨特存在主义关键的伦理原则是真诚。按你的个人决定行事，拒绝别人给你指定的任何角色是存在主义的目标。显然萨特拒绝了某些传统的角色，比如拒绝了文学成就的象征诺贝尔奖，但是他对冒犯他的人或挑战其观点的人的做法简直就是暴君，不管他有没有得奖或有没有大学教授的职位，他清楚知道自己在思想界的崇高地位。要控制，要操纵，尤其是要以权威的口气说话，但是如果缺乏说服力（如在苏联问题上）还念念不忘自己的地位，大讲特讲，如果不是矫揉造作的话，至少是目中无人的傲慢行为。这些当然可以看作不诚。

关于萨特和波伏娃关系的另外一个主要议题是在多大程度

上他们清楚地意识到把两人的性关系作为写作的素材。胡塞尔把特定的经验现实作为哲学的基础，我们因此可以公平地推测小说家或许难以避免地会用自己的经验创作小说。但是如果这样做让与你共同生活的亲人付出代价，或者把与别人的感情变成荒唐的，这是否太残忍了点？

不管萨特个人局限如何，毫无疑问他是哲学家中的巨人，也是一个魅力十足，风趣幽默的人。

萨特善于交朋友，但同时也很容易失去朋友。在很大程度上，他既招人爱又遭人恨，既受尊重又遭轻蔑。而且他有能力与各个层面上的人接触。那些对哲学思考不感兴趣的人会发现他的剧本和小说是可以打开自由和选择含义的宝库。对那些想知道萨特哲学主要特征的人来说，像"存在主义是人道主义"这样的著作做了直接的介绍。对那些专心做学问，或对哲学有专攻的人来说，他的众多作品更是个百宝箱。毕竟，萨特是个作为文化典型的哲学家，把理性思考和剧本小说联系起来，用任何可能的方式探索人类的生存条件，寻找人类自由和自我理解所必需的东西。

特写

行为糟糕的女哲学家

我们有很好的理由不列举行为糟糕的女哲学家。也许女性有长时间学习研究哲学的历史，但是直到最近在这一领域的女性公众人物确实很少，可能有通常的历史和文化因素：女性在古代社会中地位低下，只有伊壁鸠鲁曾对此提出严肃的挑战，犹太基督教传统对女性的歧视（柏拉图在他的理想国里承认女性几乎平等的地位，但并不是在现实的学术界）。虽然最后的异教徒哲学家有个女人希帕西亚，但是因为她的异端邪说，她在6世纪的亚历山大被基督徒暴徒杀害。哲学长期以来是男性傲慢的堡垒，长期由那些厌恶女人的人把持如亚里士多德、卢梭、叔本华等。爱洛伊丝天生聪明但命运坎坷，一直是中世纪以外的独特人物。

但是如果说现代的女哲学家没有能够与男性并驾齐驱的话，并不说明她们生活规规矩矩，传统正统。曾在1792年法国大革命中出版《女性权利的辩白》的玛丽·沃斯通克拉夫特表达了女性解放和教育的激进的观点，她的著作对后来的女权运动产生巨大的影响，虽然也许有点太晚了。但是她逃避社会规范和别人私通，生了孩子，把婚姻看成奴隶制。她有政治头脑，思维敏捷，感染力强，但是在感情上和生活上非常脆弱，几次想自杀。

同样不寻常的是艾莉丝·默多克，尽管主要以小说家闻名，实际上是个哲学家。她的爱情生活丰富多彩，浪迹天涯，不对任何人造成危害，没有她的男性同行的傲慢自负。

也许在20世纪唯一能够真正挑战男性哲学世界的女哲学家就是西蒙·波伏娃。她在性方面是如饥似渴的、自私的、剥削性的，以她的《第二性》闻名，同时也是萨特终生的伴侣。她分享和鼓励萨特的文学窥阴癖，坦率地交换他们许多的性伙伴，而且通过把自己的女朋友介绍给萨特建立起所谓的三角关系（她是个双性恋者但特别喜欢女学生）。她和卢梭可以相提并论，因为都喜欢公开显示自己的性冒险活动，根本不考虑在此过程中对别人的伤害。

因此我们有理由相信女哲学家，如果和男哲学家一样多的话，将会对人类的愚蠢增添更多的东西。

第八章

米歇尔·福科(1926—1984)——疯狂,性,惩罚

在某种意义上,我总是想让我的书成为我的自传的片段。

我的书总是关于我对疯狂、监狱和性的个人问题。

——米歇尔·福科(1981)

1984年6月25日，巴黎著名的法兰西学院思想史教授米歇尔·福科因患艾滋病去世。此后不久他去世的消息在巴黎就传开了。他的同性恋不是秘密，但是他长期的性伙伴丹尼尔·德费尔甚至都不知道他的状况。后来的证据显示他在一年前的夏天已经频繁地咳嗽，但是并没有阻止他秋天在美国生活，在伯克利大学讲课，同时经常出入旧金山的"虐与被虐"沙龙及其浴室，在那里由于匿名的原因他可以不带任何个人色彩地使用最残忍的方式体验性的自由。

在某种程度上，福科是非常内向的一个人。他没有写自传，不愿意和别人包括最亲近的朋友分享他生活中的细节。由于天生有能力在说话的时候能吸引别人的注意，加上总是非常好客，他的周围总是有不少朋友。福科是个一丝不苟的研究者，善于将不同学科综合起来的高手，在哲学、心理学、历史等方面都有深厚的造诣。因此他的死在学界得到别人的悼念。福科光头的形象和圆领羊毛衫在全球性思想聚会的场所很容易被认出来，而他的皮带和手链肯定是在性虐狂沙龙里非常隐秘的东西。

但是正如他坦率承认的，福科的写作反映了他的生活和性倾向，因为作者把自己完全投入到作品中去了。其作品反映了他对疯狂、权力、纪律、惩罚和性等方面的观点。当然他是个思想家，生活方式与其思想吻合，或许他看出其行为，用尼采的话说就是进入了"善恶的彼岸"。

1926年10月15日米歇尔·福科出生在波瓦提埃，在环境优雅的资产阶级家庭长大。除了在波瓦提埃的家以外，他们有个乡间别墅，这是她母亲继承下来的。另外在度假胜地拉博勒海边也有个别墅。他的父亲是位外科医生，好像非常严厉，但是米歇尔有个平常的、快乐的童年。他有个姐姐弗兰希和弟弟德尼。在青春期的时候，对别人普遍觉得他应该学医的想法不以为然。更关键的是，他意识到自己是个同性恋者。这当然和其家族在波瓦提埃的高贵地位不相吻合。战争的到来破坏了他舒服的青年时代，他们家处在德国的占领下。海滨别墅是必不可少的，因为他们意识到了能在自家花园里种植粮食的价值。确实，他们的夏天就是在乡下度过的，这是福科晚年生活的典型特征。

福科出生于外省富裕的家庭，所以成年的大部分时间反抗所有外省色彩和资产阶级色彩的东西，这并不奇怪。如果考虑到他自己的极端脾性：近视，聪明，激烈，性欲旺盛等，福科反抗哲学的传统内容和方式，更喜欢描述疯狂、权力和性的意义同样不奇怪。福科的作品跨越不同的学科，如哲学、心理学、社会学和历史，为哲学增添了让人耳目一新的内容，虽然这样的内容未必人人都喜欢，但是在他认真塑造的自我形象上却结合得十分完美。

20岁的时候，福科考上了巴黎著名的高等师范学校（Ecole Normale Superieure），使他有机会接触聪明的年轻人，也让他摆脱了来自外省背景的自卑感。在这里他跟随著名的黑格尔学家让·玻利特和梅洛·庞蒂学习哲学。福科首先被黑格尔的哲学所吸引，发现他可以将自己爱好的历史变化和重要的理性结合起来，探索历史态度变化下的思想结构问题。

像当时巴黎的许多哲学家一样，福科也受到海德格尔和萨特的影响。萨特是巴黎咖啡馆影响最大的人物，一个难以摆脱的存在。福科从黑格尔和海德格尔身上看到的历史过程被当作探索当前现实源头的方式。他从时髦的萨特，当然也从尼采那里开始认识到个人现实在多大程度上是由自己的存在和决定创造的。对那些逃脱资产阶级出生背景的狭隘性的人来说，拒绝自我确认的传统模式，通过真正的自我决定进行自我创造的前景确实是新鲜的空气。

福科的学生时代被经常的情绪低落所破坏，可能因为对自己无法控制的施虐受虐的性需求感到内疚，以及被越来越频繁的身心失调疾病的困扰。福科曾经用刮胡刀片割自己的胸膛，1948年的时候甚至通过吃过量安眠药自杀。在二战刚结束的时候，他就开始频繁吸毒和酗酒。福科变得非常狂暴，需要受到限制才不至于惹出事端。他好像还养成了言辞激烈和咄咄逼人的辩论习惯，因此同学们都不喜欢他。福科的父亲还专门向圣安妮医院的著名精神分析学家让·蒂莱特咨询儿子到底是怎么回事。结果福科在学校的疗养院弄了个单人间，好摆脱讨厌的同学，有更多的时间自己看书。

福科的一个老师路易·阿尔都塞患精神分裂症、躁狂忧郁症，也在疗养院。和福科交上朋友后，他建议福科不需要自己已经受够了的医院治疗，鼓励福科加入法国共产党。阿尔都塞自己继续在 ENS 教书 30 年，继续推销其独特的马克思主义，直到 1980 年 11 月勒死他的妻子。他的最后 10 年是在精神病院强制监护室度过的，因为谋杀罪而不是因为推销马克思主义。你瞧，又一个行为被非理性支配的哲学家。

那个时期的问题是到底如何研究哲学。对于主要受维特根斯坦、艾耶尔、赖尔等人影响的许多英语国家哲学家来说，哲学已经迅速失去了自己独特的内容，往往被看作分类整理别的学科中语言和逻辑错误的过程。这个途径外的另一个选择常常被称为"大陆学派"，指从胡塞尔到海德格尔再到萨特考察经验世界的传统的哲学。虽然外部世界的现状可能是无法认知的，至少我们自己的经验可以提供理解的可靠基础。

特别是受到海德格尔的影响，福科找到理解不同时代的人们对人类社会经验进行解释的方式。他要创造一个哲学、历史、心理学、社会学的混合体。所以福科不愿意把自己称为哲学家或者历史学家，因为他的工作超越了这些学科的传统标准，福科拿出历史文件仔细研究考察为的是揭露文件作者如此写作背后的思想结构。这样一来他就能把人们理解自己和自己所处的世界的各种不同的方式结合起来。福科后来用新的名词"考古学"指代这个过程。维特根斯坦已经指出语言总是被用来达到一个具体的目的，为了了解这个词的含义，就得考虑它的使用背景。福科遵循了类似的策略，他考察思想结构以及这些结构在人们关心的各个领域尤其是疯狂、惩罚、权力和性是如何实现的。

福科 1949 年在 ENS 拿到心理学的学位，定期参加圣安妮医院的精神病人的研讨会，在完成学业后仍然继续非正式地在那里工作。在 ENS 当心理学老师的时候，他在学生身上进行心理学测验。1952 年，他在里尔的第一个教师岗位是（他一个星期只在那里待两到三个晚上，因为更喜欢巴黎的生活）给学生上心理学和哲学课程。在这个阶段他好像不知道自己的学术道路朝什么方向走，或许已经在往心理分析迈进了。

1953 年，福科阅读了萨缪尔·贝克特的《等待戈多》，他感觉到这本书帮助他打破被马克思主义、现象学和存在主义支配的当今哲学藩篱。缺乏形而上学和伦理意义的舞台情节只是等待一些什么，或者什么也没有，或者就是死亡。同年晚些时候在意大利度假，福科阅读了尼采的《不合时宜的沉思》。这不是他第一次阅读尼采，但这次阅读对他启发很大。福科好像特别认同尼采自我创造的观点，权力是人类行为的关键，在阿波罗式理性结构下面翻腾澎湃着狄奥尼索斯冲动。他尤其是对尼采早期的文章《作为教育者的叔本华》印象深刻，人们探索的谜底就是人们应该实现自己的生活目的，成为其自身而不是别的什么东西。贝克特的《等待戈多》的虚无主义背景极大地激励了福科探索尼采的热情。

尼采的某些缺乏深度的观点同样也吸引着福科。尼采曾说过"在你走近女人的时候别忘了手里拿着鞭子"，虽然尼采自己实践这个观点的可能性非常小。但是福科欣然接受尼采的建议（虽然性别发生了颠倒）并应用在自己的实践中。事实上，这个观点"每个人都是被魔鬼推动向前的"完全符合尼采的思想。

心中有"好魔鬼"的人会得到幸福,心中有"坏魔鬼"的人面临着灾难。但是不管怎么说,人们仍然是听从魔鬼的指令。要得到最大的幸福,人们必须过最危险的生活。我们都知道这个时候福科对自杀非常着迷,想象着死亡是存在的实现。他还喜欢阅读乔治·巴塔耶的作品。该作家沉迷于尼采的狄奥尼索斯、萨德,以及超越社会规范的性行为描写。所以,完全符合福科性格特点的尼采、巴塔耶和萨德就成为让他陶醉的点心。

这时候福科和作曲家让·巴拉克建立了非常亲密的性关系。这个人喝酒很厉害,非常喜欢尼采。他们的生活特征就是施虐与受虐的性关系,酗酒以及激烈的争论。这个关系只持续了几年,最后由巴拉克提出中断,理由是推出福科的传记作者詹姆斯·米勒所说的"残暴性剧场",无法容忍继续"堕落"下去了。这里可能指福科的施虐受虐狂。但是两人的关系在1954年圣诞节中断时,福科已经到瑞典教书了。

福科从1954年到1958年在瑞典乌普萨拉大学教法语,但是他的课程往往是和某个具体的兴趣有关,比如《法国文学中的爱情》。在乌普萨拉,福科研究社会和疯狂的关系,有足够的迹象表明他继续痴迷于自杀和疯狂,意识到生活的前途在被消耗掉,他有一种难以言表的快感。福科并不是不会炫耀和享受,他买了捷豹汽车,喜欢飙车,喝酒,性伙伴一大堆。在这个时候,他的学术地位远远没有建立,维持这样的生活方式部分来源于家庭的支持。

乌普萨拉之后,福科到华沙工作了一年,负责大学的法国研究中心,教法语课,后来当候补文化专员。但是有个他喜欢的年轻人是警察的眼线，向当局告密后，福科被警告尽快离开波兰。福科的最后一个海外职位是在德国汉堡的法国研究所，仍然教法语课和演讲，他很快就非常熟悉这个城市里有名的娱乐场所。

1960年代福科回到法国，在克莱蒙费朗大学又教了6年书，并担任哲学系主任。但是他一星期只到学校一天，其他时间都在巴黎。就是在这个时期福科的学术声望逐渐升起，他的第一部主要著作《疯狂与文明》在1961年出版。在本书中福科分析了1500年以来社会对疯狂认识的变迁。在这个时期以前，"疯狂"是褒义词，常常被看作有精明眼光。但是后来疯狂被看作需要社会控制和治疗的疾病。在1982年的采访中，他说"学习了哲学之后，我想看看疯狂是什么，研究理智就已经够疯狂的了，我现在有足够的理由研究疯狂。"

《疯狂与文明》显示福科对尼采所说的阿波罗和狄奥尼索斯或者说理性和疯狂的、原始的人类冲动之间关系的浓厚持久的兴趣。他说"通过萨德和戈雅，西方世界发现了通过暴力超越理智的可能性。福科观点的独特性在于理性被超越，表明了其假设——暴力可反映现实中理性无法反映的东西。当然，进入别人的世界，通过痛苦的经验闯入别人现实的深处是施虐受虐冲动的主要心理学特征。米勒总结《疯狂与文明》的伦理学含义时说，在福科看来，被称为疯子的人是无辜的，社会才是罪魁祸首。那些被认为疯狂的人的激烈冲动和怪异行为是社会对狄奥尼索斯冲动压抑的结果。

福科1960年的工作主要集中在他命名为考古学的历史调查

方式，包括大量麻烦的历史档案的研究。所以福科的工作和20世纪的多数哲学研究不同，福科喜欢事实，他的书里有大量的事实。他用事实建立思想矩阵的笼统结构，每一代人使用这个结构来解释他们的经验。福科说命题只有在这样的框架下才有意义，他的考古学著作在不同的层次上理解历史，首先是社会理解疯狂的不同方式。这就意味着描述疯狂的方式不是单一的或绝对的。任何事情都和后来建立其上的，被他称之为"知识型"的思想结构有关。就像挖掘文物的考古学家把每个细小的发现和其年代和环境结合起来一样，福科把所有收集的事实和思想的层次和环境结合起来，也就是说给出历史的优先次序。

正是这个过程让福科的哲学和其他很多哲学家的作品截然不同，因为读起来像历史，其重点放在给出每个事件或命题上下文的概念框架上。比如福科看待18世纪医院的角色，和为穷人开办的诊所，好让病人能在家里接受治疗。福科还考察用来决定什么样的穷人该得到治疗的标准，这个人还能否工作的标准等。这样的话，他逐渐建立了在具体的时期的健康、疾病、贫穷、工作等概念的形象。福科的工作方式，不管是早期的考古学还是后来的家谱学都产生了相对主义的观点。理解的过程不是绝对的，牵涉到时间，总体上属于人类创造的视觉模型一部分的各种形式。所以就像社会对疯狂的理解不断变化一样，科学以及物质现实本质的总体印象也不断变化。

福科研究思想的背景可以追溯到从学生时代就影响他的两位思想家。黑格尔批评康德创造了道德哲学，并没有考虑形成道德选择上下文的普遍思想背景。是探索时代精神或者绝对精神的黑格尔提供了所有社会和文化作品的上下文。海德格尔也强调我们被抛进了世界，因此我们的选择与特定的背景相关。海德格尔说如果要真正理解任何事情就必须考虑非限定性数量的背景事实问题。

在1960年代早期，福科遇见了后半生的伴侣丹尼尔·德费尔，他们关系亲密，但是并不要求性的专一。这个人比福科年龄小，是个政治积极分子，影响并造就了福科本人的政治忠诚。

1963年，福科出版了《临床医学的诞生》，在其中他通过研究作家雷蒙·鲁塞尔探索了自杀、施虐受虐倾向和吸毒。该书的副标题是"医学观考古学"，他考察了人类经验的领域，后来成为福科自己生活的重要方面。1966年，福科接着出版了《事物的秩序》，通过分析18世纪、19世纪在科学、经济及相关学科的变化，探索人类的自我理解怎样随着时间而演变。福科提出了解释生活的思想总体框架，这个框架在某个特定时期发展起来，后来发生变化，让位给其他的框架。这个和托马斯·库恩的观点相似。库恩认为科学的进展是通过范式的转变进行的，范式建立起来后有一个系统的框架；范式发生改变，科学的正常进展阶段就伴随颠倒过来的思考问题的整个方式。

该书的结尾非常奇怪，几乎是充满诗意的句子——将来有一天人类要消失，就像"在海边的沙滩上的脸"。在过去的几个世纪里主宰社会思想的概念的终结。有趣的是，这和尼采的观点非常相似。对于尼采来说，超人和普通人有本质的区别。普通人温顺听话，缺乏自我意识和对自己命运的把握，而超人的本质就是超越任何界限。在《拂晓》中尼采提出如下问题："我们希望人类在火与光中消失,还是在沙滩上消失?"显然,福科蕴含诗意的结尾正是尼采的挑战。在过去几百年里面压抑人的社会思想产生了尼采这个普通人,福科这个喜欢狄奥尼索斯胜于阿波罗的人,喜欢狂暴和危险胜于理性和秩序的人,更渴望超人的到来。

为了逃避两年兵役,德费尔选择到突尼斯教书,福科在1966年也跟着去了突尼斯大学。他们在那里享受北非放松的快乐,同时越来越热衷政治。

在经历了反政府示威游行、学生起义和1968年学生和警察的激烈冲突后,福科在政治气氛狂热中返回巴黎,到新成立的巴黎万森大学教书,并担任哲学系的教授。德费尔跟着回来,担任社会学讲师。大学里面充斥极端"左"倾的氛围,是学生新思潮的前沿阵地。福科后来宣称1968年的学生风潮让他从对文本的迷恋中惊醒,积极投身政治和社会议题中。福科成为一系列政治运动包括著名的监狱改革问题的积极参与者。万森很快成为示威游行和与警察冲突的场所,这里哲学系的教授起了非常大的作用。示威者发射"导弹",设置路障等,但是示威者怎么可能是警察的对手?催泪弹让他们眼睛都睁不开,福科和德费尔等几百人被捕。

福科现在有了非常不同的形象,一个激进的学者和政治狂热分子。而且外表看起来像42岁的年纪,头顶越来越秃,最后主动剃成光头。福科的独特形象和随意服装让他和其他教授区别明显。有人可能说他是有意塑造自己的形象,强化他尼采式的特征,还有人指出他不过是跟风而已,最充分地利用自己的新地位。

然而福科和许多别的哲学家不同的是,他总是检讨自己的生活经历,不断处于反思的状态。1984年5月去世前不久,在接受保罗·拉比诺采访中,福科描述了这个过程:

思想不是藏在某个行为中的东西,然后给出其意义,思想是让人从其行为中退回去的能力,向他展示思想的实体,并质疑行为的意义、条件和目标。思想是和人们行为相关的自由,是人们脱离行为的运动,是把行为看作实体、当作问题来思考。

这反映了福科早期的观点。其作品是其自传,因为作品恰恰都是对自己和自己行为的客观反映。

然而,如果认为福科在这个阶段把全部时间都投入到在万森的教书中,或者支持各种政治议题的话就错了,其生活中还有一个传统的学术核心问题。福科在万森花时间较少,大部分时间都待在法国国家图书馆,在这里进行的认真研究成为他后来作品的基础。他的《知识考古学》发表于1969年,这是另外一部重要著作。福科挖掘了一层又一层的概念和难题,发现思想理解行为、权力和控制等因素决定行为的过程。

一年后,设置路障的激进哲学家被选为法国学术界最知名的法兰西学院的教授,福科选择的称号是"思想系统史教授",摆脱了教学的负担,福科能够专门进行自己的研究,并发表公开演讲。这标志着他在法国哲学界核心地位的确立。

但是福科的新地位并没有让他的立场更温和。1971年,荷兰电视台制作的他和美国政治哲学家、激进分子乔姆斯基的对话中,福科清楚表明准备好随时抛弃正义的原则。乔姆斯基争辩说国家有时候需要挑战，需要有人反对，但是为了做到这点，人们需要自己的公正原则。福科不放松，坚持说阶级斗争的目标就是取得胜利，而不是建立正义。当无产阶级取得政权，他会利用权力对付那些通过暴力和血腥手段战胜的敌人。他觉得没有什么反对的理由。乔姆斯基感到震惊，觉得简直是在和一个来自不同道德宇宙的人在辩论。第二年福科更进一步，鼓吹"大众的正义"而不是司法体系。而且明显援引1792年9月法国革命中包括牧师、贵族和被怀疑是叛徒的超过1000人被巴黎的暴徒杀害的残暴血腥的一事。对福科来说，残忍性可以不受限制地接受福科更愿意告诉人民真相，让大众采取报复措施的需要得到实现，而不是通过法律手段解决。在被追问的情况下，福科好像从人们惊愕的反应中获得强烈的快感，或许在同时满足了他自己超越界限的性欲。

然而福科的心思在声色犬马上，而不是在学术上出人头地。他的公寓选在8楼，这样，可以通过使用小望远镜观看别的房间中的年轻人，满足其窥阴癖倾向。1970年来到旧金山后，福科的性倾向在大西洋彼岸找到了伙伴，在这里的澡堂里得到了渴望的性自由。和他在巴黎看到的谨小慎微相比，这里无休止的纵欲狂欢简直就是大解放，让他可以做以前只是梦中希望的事情。

福科《规训与惩罚：监狱的诞生》一书的开头集中讨论18世纪中期折磨的细节，接着考察了对付这些犯人身体的监狱设置的方式，限制他们而不是摧毁他们。福科从中看到了社会控制和限制。考察现代监狱的发展历史后，福科指出被认为非常友好和人性化措施的面具其实掩盖了越来越严密的社会控制。这给了他考察和研究社会中权力的本质及其使用的另一个机会。在某种程度上心灵可以被看作身体的监狱（颠倒了柏拉图的观点），因而社会可以看作是人们身体的监狱（剥夺了狄奥尼索斯的模式）。对于学习哲学的天真学生，支持论点的许多暴力细节是不需要的。但是对于有福科那样兴趣的人来说，他的哲学确实引人入胜。

1970年，福科的研究途径从人类思想确定现实的考古学转向了尼采使用的术语"谱系学"。福科现在更关心观点和概念在一个不断变化的社会结构中改变的过程。但是很明显，在他著作的两个阶段福科关心的都是"思想系统史"（他为他在法兰西学院的头衔设计的专业）。重要的区别在于从前的考古学是结构主义的，即观点和语言的矩阵确定现实，后来的作品显示观点随着社会改变而改变，新观念一个接一个地出现。在后来的作品中福科又引入了另外一个概念：权力。他认为自己是批判性的历史学家而不是社会理论家。相应的，他要揭示权力或社会控制（不管是直接的还是隐蔽的）对我们理解诸如惩罚、监狱、或性至关重要。他认为给人贴上正常还是不正常标签的社会控制是一种约束和惩罚，这是他坚决反对的。

1975年，福科来到加州大学伯克利分校教书，再次经常光顾澡堂或旧金山的色情狂场所。1970年代中期在加州，所有成年人之间的自愿性行为都是合法的，旧金山的同性恋团体在增加。同性恋酒吧，同性恋俱乐部，甚至同性恋社区都出现了。有些澡堂里有专门为陌生人体验多人性狂欢的场所，这里福科可以有匿名的自由,可以享受和陌生人性交的乐趣。他特别对皮场景感兴趣,吃惊地发现追求随便的性和毒品的文化。福科创造的词"没有性的快乐"指的是陶醉于调动身体各器官而得到的快乐,而不仅是依赖生殖器,摆脱了对自己主观认同的担心,福科想探索人们在纯粹身体层面上给予或接受性快乐的方式,不管是直接的还是非个人的。福科还描述了服用迷幻药后的快感,俯视加州死亡谷的深刻经历。实际上福科对吸食毒品后的幻觉印象深刻,他评论说:"我能想到的唯一可以和这种体验相比的就是和陌生人性交。"你能想象这样的评论是出自法国大学教授的口中吗?

福科在生活中还有另外的一面。在他父亲1959年去世后的每年夏天,他都要回到家乡波瓦提埃,把原来仆人的住房改成临时的书房。他和侄子侄女们一起玩耍,帮助妈妈为花园浇水等。他每年都这样直到1983年身体原因阻止他这样做为止。

福科最后的著作三卷本的《性史》显然是他喜欢写的题目。第一卷出版于1976年,题目是"求知的意志"。第二和第三卷都是在他去世前几天才出版。书中福科的焦点转向伦理学在历史背景下的理解——早期的人类是怎么理解他们行为的伦理意义的。但是在第一部里面他考察的是现代社会中的性。第二、第三部谈论的是古希腊和罗马的性。第四部即将完成的时候,他死了,所以从来没有出版。福科又回到研究社会中权力的使用问题。因为他相信人们身上的限制阻止了他们表达的权力,显然在性幻想中可以找到释放的途径。但是在其著作的最后,福科好像更相信个人的力量,不管在《性史》中还是最后一年在伯克利的演讲中。为了说明问题，福科探索了斯多葛派和犬儒派观点，做出某种姿态，或故意挑战传统观点。

1978年7月的一天，福科吸毒后在穿过自己公寓前的巴吉哈街时被小汽车撞倒了。福科认为他快要死了，描述这是他一生中最快乐的时刻。他像有过濒临死亡感受的人普遍认为的那样，感觉到自己离开了自己的身体，感到有说不出的快乐。很显然他想得到临界体验，不管这中间可能有很多痛苦，死亡显然不是他害怕的东西。事实上，可以证明他早先曾经探索过这个问题，认为彻底的快乐和死亡非常接近。

在20世纪70年代，福科和德费尔积极参与政治，支持伊朗的革命运动。福科在1978年到了伊朗，在1979年6月参与萨特等人呼吁法国总统给与越南"船民"更多帮助的活动。福科现在可以在人道主义基础上努力争取难民或政治异议分子的权利，而不需要早先极端"左"倾的观点。他的态度成熟了，不再试图看任何法律或原则都是压迫或限制。

20世纪70年代末，福科的兴趣再次发生改变。这次他把注意力转向古典哲学，尤其是禁欲主义，他试图了解人体。福科甚至把他通常的研究地点从法国国家图书馆（他总是抱怨这里借书太慢）搬到多米尼加人主持的勒·索尔索阿图书馆，在这里他可以更容易地研究早期基督教的文献，因为他已经开始阅读先贤圣奥古斯丁圣安博、耶柔米和本笃的著作。在当时政治思想和精神原则的背景下，看到早期的教堂，福科甚至想过辞掉法兰西学院的教职搬到乡下去。

第二、第三卷的《性史》在1984年早期送交出版社，那时候福科可能已经患上了艾滋病至少一年，如果不是更长的话。福科在巴黎的公寓倒下被送往医院，6月25日去世，享年57岁。

刚开始医疗公告上并没有说是艾滋病，报纸上的传言还被谴责。艾滋病的名称两年前刚刚出现，在大部分民众或报刊眼中，任何与艾滋病有关的内容都显示了罪恶或严厉的惩罚。又过了两个月，好莱坞著名影星哈德森的去世使人们开始比较公开地谈论艾滋病。后来有人对没有用福科的死作为开始克服艾滋病偏见的起点感到惋惜。其实最初死亡证明书上的死因一栏，填写的就是艾滋病。但是家属坚持要求这个信息不能公开。福科到底知道不知道自己得了艾滋病仍然是个问题，如果他知道还保持沉默的话，同性恋社区的人肯定会同声谴责。

非常清楚的是，前一年的夏天，福科的朋友采取了安全措施，建议他也这么做。他根本不听，因此有意识地将别人的生命置于危险之中。福科甚至不采取任何保护措施就进入澡堂。那些地方一年后就得到严厉的审查和监督。但是在1983年，这位世界一流的思想家居然拿自己和别人的生命开玩笑，实在是太不聪明了。他长期以来着迷于死亡和自杀。也许在最后的岁月什么保护措施都不用，福科是在体验长期以来受压抑的病态心理。他明明知道危险，还仍然坚持要将痛苦转换成性行为的快感。

1983年的秋天，福科是另外一个截然不同的形象。他在伯克利以"说真话"的名义进行了系列的演讲。这个希腊词汇笼统地可以翻译成自由的演讲，更多地强调诚实和直接。这些演讲第二年春天扩展成法兰西学院系列演讲。福科用丰富详尽的细节带领学生在希腊文学和哲学的经典著作里穿行，探索着"说真话"与生活方式的关系，以及诚实面临的风险。然后福科回到非常邪恶的一群思想家宣扬的犬儒主义，他们当众手淫或者当众自杀就是要显示对社会规范的蔑视和诚实自然地生活的决心。福科在《话语和真实：说真话的困惑》中说：

  犬儒主义者对人们生活方式做出贡献的价值并不意味着他们对理论哲学没有兴趣，而是反映了他们的观点，即人的生活方式是其对真理关系的试金石。这个和我们看到的苏格拉底的传统一致。但是他们从苏格拉底的观点中得出的结论是为了宣扬真理，他们接受一种人人都可以得到的生活方式，他们觉得自己的教导需要体现在非常公开的、看得见的、有观赏性的、挑衅的，甚至下流的生活方式中。犬儒主义者因此通过例子和与例子相联系的解释来宣传自己的主张。他们想让自己的生活成为充当指导原则的基本真理，或者作为别人可以模仿的典范。但是犬儒主义者没有强调哲学作为人生艺术的任何内容，这和希腊哲学完全不同。犬儒主义者的态度在最基本的形式上，是希腊概念中生活方式和知识真理关系的非常极端的情形。犬儒主义者认为人除了表明和真理的关系外什么都不是。这种真理靠自己的生活形成并表现出来的观点是地道的希腊观点。

  也许在人们把所有的注意力都集中在细节上、把他视为第一流的学者的学术演讲大厅里，福科也可以回答下面的问题：为什么要在澡堂里与死神共舞来探索自己的真话。他不是有故意冒最大风险以实现说出自己真理的目的吗？

  在探索福科行为与其作品的关系时，需要回答一个根本的问题：他是在开创潮流还是紧追时尚呢？当他剃成光头在万森大学设置路障的时候，他是真的出于自己的思想行动呢，还是跟随新潮流，寻找新听众呢？在福科生命的最后10年，他是被加州的同性恋天堂诱惑呢，还是按照自己个人的意志呢？也许加州给了外省家乡波瓦提埃根本不可能给予他的梦中的选择自由和行为自由吧。

但是福科的行为只能在澡堂文化的背景下来理解吗？或者个人必须在绝对意义上对自己的行为负责吗？这不仅是黑格尔批评康德的问题，同时也是福科作品中的问题。就在福科生命的最后时刻，他好像以挑战自己文化的姿态在探索个人能力的极限。他是在遵守文化命令还是冒着生命威胁挑战犬儒主义传统？如果我们期待任何人的生活都要回答是或者否，或许我们问得太多了。

福科没有留下正式的遗嘱，但是一张便条显示德费尔应该得到这个公寓，在他死后不出版自己的手稿。事实上，福科以自己的方式确保手稿和文章都毁掉。不管他在旧金山澡堂里可能留下什么可悲的东西，德费尔在他死后只是发现福科对负责勒·索尔索阿图书馆的多米尼加人非常慷慨。福科的晚年大部分时间在那里工作，那是一个像修道院一样简朴的地方，如今存放着他的档案。正如戴维·马塞写的传记《福科生平》显示的，福科经历了许多人的生活。

不管福科对修道院纪律的倾向如何，他总是着迷于死亡、自杀和冒险。在他生命的最后几年，在谈论艾滋病的风险时，他说："另外，还有比为那些可爱的男孩献身更美好的事情吗？"

特写

德米特里厄斯：雅典的哲学家国王

历史就像闹剧往往一再重复。柏拉图对人类困境的最深刻的思考《法律篇》还没有完成就死在了牢房里。25 年后雅典的民主最终被马其顿将军的部队摧毁，他们作为亚历山大大帝的继承者要征服世界。这个雅典事件的受益者是法勒罗姆城的恶棍哲学家德米特里厄斯，他是亚里士多德的信徒而不是柏拉图的信徒，虽然他应该非常熟悉两人的著作。

公元前 317 年，当时控制希腊的将军卡山德安排德米特里厄斯守护希腊最大的城市雅典。人们谴责德米特里厄斯是个帮凶，甚至是法西斯，因为他消灭了雅典长期的民主传统。但是他是个丰富多彩的人，他的统治表现出几乎超现实主义的特点。关于他守城的内容很少有确切的根据，不过有很多的逸闻趣事流传下来。据说德米特里厄斯统治期间，游行的队伍由一个会吐出唾液的机械蜗牛带领。他还接受拍马屁的绰号如太阳一样，或光芒四射。他可能失明了一段时间后来被希腊埃及的治疗之神沙拉庇斯神治好了。德米特里厄斯对雅典的公民制定了严厉的法律（当时经济非常糟糕），但是自己却举办豪华的宴会。为了参加这样的宴会，他把头发染成紫色，用奶油和口红化妆。这些对于哲学家或独裁者来说都是非常奇怪的行为。但是德米特里厄斯在性方面好像永远不能得到满足一样，每天吃过午饭后就要在的黎波滋的街上溜达,最英俊的男孩子会竞相出现,竭力引起他的注意。这条街道至今仍然存在,而且同样以此闻名。德米特里厄斯还在全国各地竖起赞美他的铜雕像,共1500个。在他被推翻后,这些雕像都被熔化掉制成夜壶。雅典人用这个行为表示对他的真正的看法。

虽然总是被看作哲学家国王,德米特里厄斯留下来的著作实际上什么都有,如文学、烹调艺术、理发、服装等,但偏偏没有哲学。当他的保护者在公元前307年失去对希腊的控制时,德米特里厄斯向埃及的托勒密一世建议在亚历山大建立庞大的新图书馆。后来他在埃及也失宠了,不过古代世界七大奇迹之一的藏有60万册图书的图书馆毫无疑问是他的贡献。如果你要找纪念碑,就看看周围。

后记

故事还有另外的一面。我们用非赞赏的方式描述了八位行为糟糕的哲学家，只是说明了一个笼统的观点——生活的智慧并不一定带来智慧的生活。哲学的博爱对人类的脆弱从来都是没有免疫力的，我们也不能指望那些大师拥有的感情或性生活达到与其名声和思想般配的高度。不管他们的生活多么愚蠢、多么糟糕，他们对人类思想和自我理解的贡献都是巨大的。

卢梭在不自我陶醉的时候，提出了教育和民主的原则，发展了人类与自然环境、个人与社会关系的看法，这些对我们的现代意识都产生了深刻的影响。

叔本华非常敏锐地提出自我意识影响人生经验的程度，第一个考察了东方的哲学，在不陷入极端悲观的情况下，令人信服地分析了人类与世界的关系，产生了深远的影响。

至于尼采，如果再想想就发现我们几乎无法谈论他对后来思想的影响，不管是好的还是坏的。身体有病，精神可能也有问题，但是他充满智慧的格言警句启发我们对人类未来的思考。

在一个没有任何确定价值约束的世界，尼采的思想是对自由选择的将来说"是"的挑战。

罗素，除了他高超的逻辑分析外，他把哲学从经院哲学的小阁楼里解放出来，让哲学像新闻记者一样关注当下发生的所有事情并向外部公开。不管他的党派偏见背景或糟糕的家庭生活如何，他毕竟是从实际出发思考的过程中的超级宣传家。

对于维特根斯坦，人们容易说如果纯粹从智慧力量的角度看，他能够带着哲学散步，就像人遛狗一样，先带它往一个方向走，然后又带它回来。这种带领就像他的脾气一样是非常火爆的、短暂的，但是哲学从此找到了从非常狭窄的胡同里出来的道路，那些献身于研究严肃思想的人不再需要穿白衬衫非打领带不可。

海德格尔对我们用过去和将来理解自己的分析影响深远，他后来关于技术和环境的思考对我们现在的新世纪依然有重要的参考价值。他的思想不能完全和他在政治上的愚蠢行为区分开来，但这并不妨碍我们欣赏他的思想。

萨特把哲学从大学讲堂带进了咖啡馆，让存在主义（即使那些对此所知甚少的人）成为时尚，成为夜晚和床上的话题。他播下了超越专注理性写作局限的文学种子，只写他自己的生活。不管你爱他还是恨他，都得承认他是个巨人。

最后是福科，我们很容易批评他的极端，但同样我们要赞赏他工作的大胆、无所畏惧的追求以及体现在思想和语言变化模式中真理的闪光。在哲学家看来，疯狂、惩罚和性或许不是标准的哲学内容，但是对它们的探索却是了解人类多面本质所不可缺少的。

对这些哲学家缺点的了解或许鼓舞我们——不管我们对自己的愚蠢或局限有多么深刻的认识,我们都应该敢于进行超越自己的思考。

延伸阅读

概论

Applebaum, David and Mel Thompson (eds), *World Philosophy*(《世界哲学》), 伦敦: Vega(出版社), 2002

Comte - Sponville, Andre, *A Short Treatise on the Great Virtues* (《伟大思想家传略》), 伦敦: Heinemann(出版社), 2002

Lilla Mark, *The Reckless Mind: Intellectuals in Politics*(《鲁莽的思想: 卷入政治的知识分子》), 纽约: 纽约书评, 2001

Magee Bryan, *Aspects of Wagner*(《瓦格纳面面观》), 牛津: 牛津大学出版社, 1988

——*The Great Philosophers: An Introduction to Western Philosophy*(《伟大的哲学家: 西方哲学简介》), 牛津: 牛津大学出版社, 1988

——*The Story of Philosophy*(《哲学的故事》), 伦敦: Dorling Kindersley(出版社), 1998

Russell Bertrand, *A History of Westrn Philosophy*(《西方哲学

史》),伦敦:Routledge(出版社),2004

Steiner George, *Lessons of the Masters* (《大师的教训》),坎布里奇和伦敦:哈佛大学出版社,2003

让·雅克·卢梭

Beer Sir Gavin de, *Jean Jacques Rousseau and His World* (《让·雅克·卢梭和他的世界》),伦敦:Thames and Hudson (出版社),1972

Cranston Maurice, *Jean Jacques: The Early Life and Works of Jean Jacques Rousseau*, 1712—1754 (《让·雅克:1712—1754 卢梭的早期生活和著作》),伦敦:Allen Lane(出版社),1983

——*The Noble Savage: Jean Jacques Rousseau in Exile and Aduversity* (《高贵的野蛮人:流放和困境中的卢梭》),伦敦:Allen Lane(出版社),1991

——*The Solitary Self: Jean Jacques Rousseau*, 1754—1762 (《孤独的自我:1754—1762年的让·雅克·卢梭》),伦敦:Allen Lane(出版社),1997

Dent N. J. H., *Rousseau: An Introduction to His Psychological, Social and Political Theory* (《卢梭:心理、社会和政治理论介绍》),牛津:Blackwell(出版社),1989

Grimsley Ronald, *Jean Jacques Rousseau* (《让·雅克·卢梭》),布赖顿:Harvester(出版社),1983

Orwin, Clifford and Nathan Tarcov (eds), *The Legacy of Rousseau* (《卢梭的遗产》),芝加哥和伦敦:芝加哥大学出版

社，1997

Schwartz J., *The Sexual Politics of Jean Jacques Rousseau*（《让·雅克·卢梭的性政治》），芝加哥和伦敦：芝加哥大学出版社，1984

阿瑟·叔本华

Atwell John E., *Schopenhauer: The Human Character*（《叔本华：人的特性》），费城：坦普尔大学出版社，1990

Copleston Frederick, *Arthur Schopenhauer*（《悲观主义哲学家阿瑟·叔本华》），伦敦：Continuum International（出版公司），1975

Hamlyn D. W., *Schopenhauer*（《叔本华》），伦敦：Routledge（出版社），1980

Jacquette D. (ed.), *Schopenhauer: Philosophy and the Arts*（《叔本华：哲学和艺术》），剑桥：剑桥大学出版社，1996

Janaway Christopher (ed.), *The Cambridge Companion to Schopenhauer*（《叔本华剑桥指南》），剑桥：剑桥大学出版社，1999

Magee Bryan, *The Philosophy of Schopenhauer*（《叔本华的哲学》），牛津：牛津大学出版社，1983

——*Misunderstanding Schopenhauer*（《误解叔本华》），伦敦：德意志研究院，1989

Safranski Rüdiger, *Schopenhauer and the Wild Years of Philosophy*（《叔本华与哲学的动荡年代》），坎布里奇：哈佛大学出版社，1991

Simmel Georg, *Schopenhauer and Nietzsche* (《叔本华与尼采》), 厄已纳: 伊利诺伊大学出版社, 1986

Young Julian, *Willing and Unwilling: A Study in the Philosophy of Arthur Schopenhauer* (《阿瑟·叔本华哲学研究: 愿意与不愿意》), Dortrecht, 波士顿和兰卡斯特: Martinus Nijhoff (出版社), 1987

弗里德里希·尼采

Chamberlain Lesley, *Nietzsche in Turin: The End of the Future* (《尼采在都灵: 未来的结束》), 伦敦: Quartet Books (出版社), 1996

Diethe Carol, *Nietzsche's Women: Beyond the Whip* (《尼采的女人们: 鞭子之外》), 柏林: Walter de Gruyter (出版社), 1996

Gilman Sander (ed.), *Conversations with Nietzsche: A Life in the Words of His Contemporaries* (《与尼采对话: 尼采同时代人眼中的生活》), 纽约和牛津: 牛津大学出版社, 1988

Golomb, Jacob and Robert Wistrich (eds), *Nietzsche, Godfather of Fascism? On the Uses and Abuses of a Philosophy* (《尼采: 法西斯主义教父? 哲学的使用与滥用》), 普林斯顿和牛津: 普林斯顿大学出版社, 2002

Hayman Ronald, *Nietzsche: A Critical Life* (《尼采: 批评的一生》), 伦敦: Weidenfeld and Nicolson (出版社), 1980

Hollingdale R. J., *Nietzsche: The Man and His Philosophy*

(《尼采这个人及其哲学》),剑桥:剑桥大学出版社,1999

Kaufmann Walter, *Nietzsche: Philosopher, Psychologist, Antichrist*,(《尼采:哲学家、心理学家、基督反对者》),普林斯顿和牛津:普林斯顿大学出版社,1974

Safranski Rüdiger, *Nietzsche: A Philosophical Biography*(《尼采:哲学传记》),伦敦:Granta Books(出版社),2002

Tanner Michael, *Nietzsche*(《尼采》),牛津:牛津大学出版社,1994

伯特兰·罗素

Blackwell Kenneth, *The Spinozistic Ethics of Bertrand Russell*(《罗素的斯宾诺莎伦理学》),伦敦:Allen and Unwin(出版社),1985

Carr Brian, *Bertrand Russell: An Introduction*(《罗素传》),伦敦:Allen and Unwin(出版社),1975

Clark Ronald, *The Life of Bertrand Russell*(《罗素生平》),伦敦:Thames and Hudson(出版社),1981

Grayling A. C., *Russell*(《罗素》),牛津:牛津大学出版社,1996

Ironside Philip, *The Social and Political Thought of Bertrand Russell: The Development of an Aristocratic Liberalism*(《罗素的社会和政治思想:贵族自由主义的发展》),剑桥:剑桥大学出版社,1995

Monk Ray, *Bertrand Russell 1872—1920: The Spirit of Solitude*

(《孤独的精神：1872—1920年的罗素》)，Jonathan Cape（出版社），1996

——— *Bertrand Russell 1921—1970: The Ghost of Madness*（《疯狂的幽灵：1921—1970年的罗素》），伦敦：Jonathan Cape（出版社），2000

Moorhead Caroline, *Bertrand Russell*（《罗素》），伦敦：Sinclair Stevenson（出版社），1992

Ryan Alan, *Bertrand Russell: A Political Life*（《罗素的政治生活》），伦敦：Allen Lane（出版社）；1988

Seymour Miranda, *Ottoline Morrell: Life on the Grand Scale*（《奥特林·莫瑞尔：辉煌的生活》），伦敦：Hodder and Stoughton（出版社），1992

Tait Katharine, *My Father Bertrand Russell*（《我的父亲罗素》），伦敦：Gollancz（出版社），1976

路德维希·维特根斯坦

Bartley William Warren, *Wittgenstein*（《维特根斯坦》），伦敦：Quartet Books（出版社），1974

Bernhard Thomas, *Wittgenstein's Nephew: A Friendship*（《维特根斯坦的侄子：友谊》），伦敦：Quartet Books（出版社），1987

Cornish Kimberley, *The Jew of Linz: Wittgenstein, Hitler and Their Secret Battle for the Mind*（《林茨的犹太人：维特根斯坦，希特勒争夺思想的秘密战斗》），伦敦：世纪出版社，1998

Edmonds, David and John Eidonow, *Wittgenstein's Poker: The*

Story of a Ten-Minute Argument Between Two Great Philosophers（《维特根斯坦的攻击：两个伟大哲学家十分钟辩论的故事》），伦敦：Faber and Faber（出版社），2002

Finch H. L., *Wittgenstein, Rockport, Massáchusetts, and Shaftesbury*（《维特根斯坦》），马萨诸塞 Rockport 和多塞特的沙夫茨伯里（Shaftesbury）：Element（出版社），1995

McGuinness Brian, *Wittgenstein: A Life: Young Ludwig 1889—1921*（《维特根斯坦 1889—1921 年的早期生活》），伦敦：Gerald Duckworth（出版社），1988

Malcolm Norman, *Ludwig Wittgenstein: A Memoir*（《维特根斯坦回忆录》），纽约和牛津：Clarendon（出版社），2001

——*Wittgenstein: A Religious Point of View*（《宗教视角下的维特根斯坦》），伦敦：Routledge（出版社），1993

Monk Ray, *Ludwig Wittgenstein: The Duty of Genius*（《维特根斯坦：天才的义务》），伦敦：Jonathan Cape（出版社），1990

Stroll Avrum, *Wittgenstein*（《维特根斯坦》），牛津：Oneworld（出版社），2002

马丁·海德格尔

Heidegger Martin, *Being and Time*（《存在与时间》），芝加哥和伦敦：芝加哥大学出版社，2002

Mulhall Stephen, *Heidegger and Being and Time*（《海德格尔和〈存在与时间〉》），伦敦：Routledgc（出版社），1966

Ott Hugo Heidegger, *A Political Life*（《海德格尔：投身政治

的生活》），伦敦：Harper Collins（出版社），1993

Pattison George, *Routledge Philosophy Guidebook to the Later Heidegger*（《海德格尔后期哲学指南》），伦敦：Routledge（出版社），2000

Safranski Rudiger, *Martin Heidegger: Betwwen Good and Evil*（《海德格尔：善和邪的较量》），坎布里奇：哈佛大学出版社，1998

Wolin Richard, *The Heidegger Controversy: A Critical Reader*（《海德格尔争议：批评性读本》），坎布里奇：麻省理工学院出版社，1993

——*Heidegger's Children*（《海德格尔的孩子们》），普林斯顿：普林斯顿大学出版社，2001

——*The Politics of Being*（《存在的政治》），纽约：哥伦比亚大学出版社，1990

让·保罗·萨特

Card Claudia (ed.), *The Cambridge Companion to Simone de Beauvoir*（《西蒙·波伏娃》），剑桥：剑桥大学出版社，2003

Cohen-Soldi Annie, *Sartre: A Life*（《萨特生平》），伦敦：Heinemann（出版社），1987

Lamblin Bianca, *A Disgraceful Affair: Simone de Beauvoir, Jean-Paul Sartre and Bianca Lamblin*（《丢人的绯闻：西蒙·波伏娃，萨特，和卞卡·兰布林》），波士顿：东北大学出版社，1993

Lévy Bernard-Henri, *Sartre: The Philosopher of the Twentieth Century*（《20世纪哲学家萨特》），剑桥：Polity（出版社），2003

Levy Neil, *Sartre*（《萨特》），牛津：Oneworld Publications（出版社），2002

Murphy Julien S., *Feminist Interpretations of Jean-Paul Sartre*（《萨特的女性主义解读》），宾州大学城：宾州大学出版社，1999

Wicks Robert, *Modern French Philosophy: From Existentialism to Postmodernism*（《当代法国哲学：从存在主义到后现代主义》），牛津：Oneworld（出版社），2003

米歇尔·福科

Halperin David M., *Saint Foucault: Towards a Gay Hagiography*（《圣徒福科：同性恋使徒行传》），牛津：牛津大学出版社，1995

Hoy David Cousins (ed.), *Foucault: A Critical Reader*（《福科读本》），牛津：Blackwell（出版社），1986

Macey David, *The Lives of Michel Foucault*（《福科生平》），纽约：Pantheon Books（出版社），1993

Miller James, *The Passion of Michel Foucault*（《福科的激情》），伦敦：Harper Collins（出版社），1993

译名对照表

ABC of Atoms《原子入门》(罗素)
Abelard, Peter 彼得·阿伯拉尔
Abraham, A Sancta Clara 亚伯拉罕·阿·桑克塔·克拉拉
AIDS 艾滋病
Alcibiades 亚西比德
Alembert, Jean d' 达兰贝尔
Alexander the Great 亚历山大大帝
Althusser, Louis 路易·阿尔都塞
Antichrist《反基督者》(尼采)
Anti-Semitism 反犹主义
Archaeology of Knowledge《知识考古学》(福科)
Arendt, Hannah 汉娜·阿伦特
Aristotle 亚里士多德
Role of Art 艺术的作用
Auden, W. H. 奥登

Augustine, St. 圣奥古斯丁

Autobiography《自传》(罗素)

Ayer, A. J. 艾耶尔

Banville, John 约翰·班维尔

Barenboim, Daniel 丹尼尔·巴伦伯英

Barnes, Alfred 阿尔弗雷德·巴恩斯

Barraque, Jean 让·巴拉克

Barry, Griffin 格里芬·巴理

Barley, W. W., III 巴利三世

Bataille, George 乔治·巴塔耶

Baudelaire, Charles 查尔斯·波德莱尔

Bauhaus 包豪斯

Baumler, Alfred 弗莱德·鲍姆勒

Bayreuth 拜罗伊特

Beauvoir, Simone de 西蒙·波伏娃

Bechett, Samuel 萨缪尔·贝克特

Beethoven, Ludwig van 路德维希·凡·贝多芬

Being and Nothingness《存在与虚无》(萨特)

Being and Time《存在与时间》(海德格尔)

Bell, Julian 朱利安·贝尔

Berlin, Isaiah 以赛亚·伯林

Berenson, Bernard 伯纳德·贝伦森

Berger, George 乔治·伯格

Bergson, Henri 亨利·柏格森

Bernard, St, of Clairvaux 伯纳德

Bernhard, Thomas 托马斯·伯恩哈德

Beyond Good and Evil《善恶的彼岸》(尼采)

Birth of the Clinic《临床医学的诞生》(福科)

Birth of Tragedy《悲剧的诞生》(尼采)

Bizet, Georges 乔治斯·比才

Blunt. Anthony 安托尼·布伦特

Bodhisattva 菩萨

Boothby, Brooke 布鲁克·布斯比

Borgia, Cesare 恺撒·博尔吉亚

Boswell, James 詹姆斯·鲍斯威尔

Brahms, Johannes 勃拉姆斯

Brandes, Georg 格奥尔格·勃兰兑斯

Braithwaite, Richard 理查德·布雷思韦特

Broad 布罗德

Brockhaus 出版商埃伯哈特

Brown Book《棕皮书讲义》(维特根斯坦)

Buddha 佛祖 (释迦牟尼)

Buddhism 佛教

Bulow 彪罗

Bultmann, Rudolph 鲁道夫·布特曼

Burkhardt 布克哈特

Byron 拜伦

Caesar, Julius 裘力斯·恺撒

Campaign for Nuclear Disarmament 核裁军运动（CND）

Camus 加缪

Candide《老实人》（伏尔泰）

Carnap, Rudolf 鲁道夫·卡尔纳普

Case of Wagner《瓦格纳事件》（尼采）

Castro 卡斯特罗

Cérémonie des Adieu, La《告别：再见萨特》（西蒙·波伏娃）

Cheerful Science《快乐的科学》（尼采）

Chomsky 乔姆斯基

Cohen-Solal, Annie 科恩·索拉尔

Committee of 100 百人会

Communists and Peace《共产主义者与和平》（萨特）

Confessions《忏悔录》（圣奥古斯丁）

Confessions《忏悔录》（卢梭）

Conrad 康拉德

Conti, Prince de 狄康迪王子

Critique of Dialectical Reason《辩证理性批判》（萨特）

Cynics 犬儒主义

Darwin Charles 查尔斯·达尔文

Darwin, Erasmus 埃拉斯姆斯·达尔文

Daybreak《黎明》(尼采)

Daniel, Defert 丹尼尔·德费尔

Demetrius of Phaleron 法勒罗姆的德米特里厄斯

Jaeques, Derrida 德里达·雅克

Descartes 笛卡儿

Deussen, Paul 保罗·杜意圣

Discourse on Inequality 论不平等:第二论(卢梭)

Discourse on Sciences and Arts 论科学和艺术:第一论(卢梭)

Diderot 狄德罗

Dionysiac Dithyrambs《狄奥尼索斯颂歌》(尼采)

Dionysius Ⅱ of Syracuse 锡拉库萨的狄奥尼西奥斯

Disgraceful affair《丢人的风流韵事》(朗布兰)

Dolores 德洛丽丝

Donizetti 多尼切蒂

Dostoevsky 陀思妥耶夫斯基

Drury, Maurice 莫里斯·哲瑞

Dudley, Helen 海伦·杜德莱

Einstein, Albert 阿尔伯特·爱因斯坦

Ecce Homo《瞧,这个人》(尼采)

Eliot, George 乔治·艾略特

Eliot 艾略特

Eliot, Vivien 薇薇安·艾略特

Elkaïm, Arlette 阿莱特·艾尔肯

Emile: *Concerning Education* 《爱弥儿：关于教育》（卢梭）

Englemann, Paul 保罗·恩格尔曼

Epicurus 伊壁鸠鲁

Epinay, Madame d' 德比内夫人

Encyclopédie 《百科全书》（卢梭）

Eros and Civilization 《爱欲与文明》（马尔库塞）

Estaing, Valéry Giscard d' 德斯坦总统

Ettinger, Elizabeta 伊莉莎白·艾廷格

Euclid's axioms 欧几里得

Euripides 欧里庇得斯

Existentialism 存在主义

Fascism 法西斯主义

Fichte 费希特

Findlay 芬德烈

First World War 第一次世界大战

Flies 《苍蝇》（萨特）

Förster, Bernard 伯纳德·福斯特

Foucault, Michel 米歇尔·福科

archaeologies 考古学

bathhouses 澡堂

Christianity 基督教

Communist Party 共产党

Dominicans 多米尼加人

drugs 吸毒

madness 疯狂

popular justice 公众审判

sadomasochism 施虐受虐狂

suicide 自杀

voycurism 窥阴癖

Frederick II of Prussia 普鲁士国王弗里德里克二世

Free Man's Worship《自由人的信仰》（罗素）

Frege, Gottlob 哥特洛布·弗雷格

French Revolution 法国大革命

Freud 弗洛伊德

Fry, Roger 罗杰·弗莱

Gast, Peter 彼特·嘎斯特

Gaulle, President Charles de 戴高乐总统

Genealogy of Morals《道德的世系》（尼采）

General Will 公意

Genet, Jean 让·热内

George III, King 国王乔治三世

German Social Democracy《德国社会民主》（罗素）

Gibbon, Edward 爱德华·吉本

Gillard, Paul 保罗·吉拉德

Gladstone 格莱斯顿

Gluck 葛鲁克

Goethe 歌德

Cray 葛雷

Gréco, Juliet 朱丽叶·葛瑞柯

Greene, Graham 格雷厄姆·格林

Grimm brothers 格林兄弟

Gulag 古拉格

Habermas 哈贝马斯

Hayck, Friedrich 弗里德里克·哈耶克

Hegel 黑格尔

Heidegger, Elfrida, Petri 艾尔弗丽德·佩特瑞·海德格尔（马丁·海德格尔的妻子）

Heidegger, Friedrich 弗里德里克·海德格尔（马丁·海德格尔的父亲）

Heidegger, Johanna 约翰娜·海德格尔（马丁·海德格尔的母亲）

Heidegger, Marin 马丁·海德格尔

adultery 私通

anti-Semitism 反犹主义

Blut and Boden 血和灵魂

Christianity 基督教

Dasein 此在

Denazification Commission 反纳粹委员会

enframing 框架

factory farming 摩托化的食品工业

German nationalism 德国民族主义

Gestapo 盖世太保

Gleichschaltun 全体一致

Heimat 家园

Holocaust 纳粹大屠杀

industrialization 工业化

Lebenswelt "生活世界"

the Nazi Party 纳粹党

Rector of Freiburg University 弗莱堡大学校长

suicidal thoughts 自杀思想

thrownness 抛弃

Heine, Heinrich 海涅

Héloïse 爱洛伊丝

Heraclitus 赫拉克利特

Hijab 西迦普

Hinduism 印度教

Hippolyte, Jean 让·玻利特

Historia Calamitatum《回忆录》（阿伯拉尔）

History of Western Philosophy《西方哲学史》（罗素）

Hitler, Adolf 阿道夫·希特勒

Hobbes 霍布斯

Hofmannsthal 霍夫曼斯塔尔

homosexuality 同性恋

Houdetot, Sophic de 索菲乌德特伯爵夫人

Houellebecq 豪利别克

Human, All Too Human《人性，太人性》（尼采）

Hume, David 大卫·休谟

Huis Clos《密室》（萨特）

Husserl 胡塞尔

Huxley 赫胥黎

Hypatia of Alexandria 亚历山大拉·希帕西亚

Islam 伊斯兰

Isle Adam, Villiers de l' 比利哀·德·利拉丹

Jaspers, Karl 卡尔·雅斯贝尔斯

Jonas, Hans 汉斯·约纳斯

Kant, Immanuel 伊曼纽尔·康德

Kennedy, J. F. 约翰·菲茨杰拉德·肯尼迪

Keynes, John Maynard 约翰·梅纳德·凯恩斯

Kierkegaard 克尔凯郭尔

Klimt 克里姆

Kokoschka 科科施卡

Kosakiewicz, Olga 奥尔加·科萨切维茨

Kosakiewicz, Wanda 旺达·科萨切维茨

La Rochefoucauld 拉罗什富科

Lamblin 朗布兰

Laforgue, Jules 尤尔·拉福格

Lambercier, Mlle 朗拜尔西埃小姐

Lawrence 劳伦斯

Leavis 利维斯

Vian, Michelle 米歇尔·维恩

Lenin, Vladimir Ilyich 弗拉基米尔·伊里奇·列宁

Letter on Humanism 《关于人文主义的信》（海德格尔）

Levasseur, Therese 塞斯·勒瓦瑟尔

Lévi Strauss 克劳德·列维·施德劳斯

Lévy 列维

Lévy, Bernard Henri 贝尔纳特·亨利·列维

Lisbon earthquake 里斯本地震

Liszt 李斯特

Locke, John 约翰·洛克

Logical Positivism 逻辑实证主义

Loos, Adolf 阿道夫·洛斯

Louis XV, King 路易十五国王

Lüwith, Karl 卡尔·勒维兹

Lüxembourg, Duke and Duchess of 卢森堡公爵及夫人

Machiavelli 马基雅维利

Mahler, Gustav 古斯塔夫·马勒

Malcolm, Norman 诺曼·马尔科姆

Mancy, Joseph 约瑟夫·曼西（萨特的继父）

Manet 马奈

Mann, Thomas 托马斯·曼

Marcuse 马尔库塞

Marguet, Caroline 卡洛琳·玛桂特

Marie-Antoinette, Queen 玛丽安托尼特王后

Marx, Karl 卡尔·马克思

Masochism 受虐狂

Masturbation 手淫

Meistersinger, Die 《纽伦堡的名歌手》（瓦格纳）

Merleau-Ponty, Maurice 梅洛庞蒂

Mill 穆勒

Monk, Ray 瑞伊·蒙克

Montaigne 蒙田

Montessori 蒙特梭利

Moore 摩尔

Moral Letters 《道德信件》（卢梭）

Morrell, Ottoline 奥特林·莫瑞尔

Morrell, Philip 菲利普·莫瑞尔

Mozart 莫扎特

Murdoch, Iris 艾莉丝·默多克

Musil 穆齐尔

Mussolini 墨索里尼

Napoleon I 拿破仑一世

Nazism 纳粹

Nausea《恶心》(萨特)

Newton, Isaac 艾萨克·牛顿

Nietzsche, Elisabeth Friedrich 伊丽莎白·尼采(弗里德里希·威廉尼采的妹妹)

Nietzsche, Franziska 弗朗西斯卡·尼采(弗里德里希·尼采的母亲)

Nietzsche, wilhelm Friedrich 弗里德里希·威廉·尼采

attacks anti-Semitism 攻击反犹主义

Christianity 基督教

compositions 作曲

Dionysus 狄奥尼索斯

Francophilia 亲法倾向

Germanophobia 德意志恐惧症

health problems 健康问题

masochism 受虐狂

poverty 贫穷

syphilis 梅毒

übermensch 超人

Nietzsche, Karl Ludwig 卡尔·路德维希·尼采(弗里德里希·威廉·尼采的父亲)

Nobel Prize 诺贝尔奖

Nouvelle Héloïse, La 《新爱洛伊丝》(卢梭)

Offenbach 奥芬巴赫

On Education 《论教育》(罗素)

O'Neil, Colette 科利特·奥尼尔

On the Fourfold Root of the Principal of Sufficient Reason 《充足理由律的四重根》(叔本华)

Order of Things 《事物的秩序》(福科)

Oupnekhat 《奥义书》拉丁语译本 (弗里德里希·梅杰)

Overbeck 奥瓦贝克

Ovid 奥维德

Parerga and Paralipomena 《附录与补遗》(叔本华)

Parsifal 《帕西法尔》(瓦格纳)

Pascal, Fania 费妮雅·帕斯卡

Pavlov 巴甫洛夫

Pearsall Smith, Hannah 汉娜·皮尔索尔斯密斯 (伯特兰·罗素的第一个岳母)

Pearsall Smith, Logan 劳根·皮尔索尔斯密斯 (伯特兰·罗素的第一个大舅子)

Pearsall Smith, Mary 玛丽·皮尔索尔斯密斯 (伯特兰·罗素的第一个大姨子)

Pearsall Smith, Robert 罗伯特·皮尔索尔斯密斯 (伯特兰·

罗素的第一个岳父)

  Pestalozzi 斐海因里希

  Philosopher king 哲学家国王

  Philosophical Investigations《哲学研究》(维特根斯坦)

  Picasso 毕加索

  Pilgrim Fathers 清教徒

  Pinsent, David 大卫·平森特

  Pirandello 皮兰德娄

  Plato 柏拉图

  Plotinus 普罗提诺

  Pompadour, Madame de 蓬皮杜夫人

  Popper, Karl 卡尔·波普尔

  Porphyry 波菲利

  Pound 庞德

  Powys, John Cowper 约翰·考珀·波伊斯

  Pre-Socratic philosophers 前苏格拉底时期的哲学家

  Prime of Life《鼎盛人生》(西蒙·波伏娃)

  Principia Mathematica《数学原理》(罗素和怀特海)

  Problems of Philosophy《哲学问题》(罗素)

  Proust 普鲁斯特

  Ptolemy I 托勒密一世

  Pythagoras 毕达哥拉斯

  Rabinow, Paul 保罗·拉比诺

Rameau, Jean Philippe 让·菲利浦·拉摩

Ree, Paul 保罗·里

Reprieve《延期执行》(萨特)

Republic《理想国》(柏拉图)

Revaluation of All Values《重新评估所有价值》(尼采)

Reveries of the Solitary Walker《一个孤独的散步者的遐思》(卢梭)

Ritcher, Caroline 卡罗琳·利希特

Rilke 里尔克

The Ring of the Nibelungen《尼伯龙根的指环》(瓦格纳)

Ritschl, Professor 莱乔尔教授

'*Roads to Freedom*' trilogy《到自由之路》三部曲(萨特)

Robespierre 罗伯斯庇尔

Robinson Crusoe《鲁宾孙漂流记》(丹尼尔·笛福)

Rohde, Erwin 欧文·罗德

Romanticism 浪漫主义

Rossini 罗西尼

Rousseau, Jean Jacques 让·雅克·卢梭

abandons children 抛弃孩子

amour de soi 爱他人

amour-propre 爱自己

Christianity 基督教

democracy 民主

Genevan citizenship 日内瓦公民

259

masochism 受虐狂

music notation system 音乐注释系统

theatre 戏院

views on education 教育观点

women's inferiority 女性的自卑感

Rotblatt, Joseph 约瑟夫·罗特布莱特

Rousell, Raymond 雷蒙·鲁塞尔

Russell, Agatha 阿加沙·罗素（伯特兰·罗素的姑姑）

Russell, Alys, Smith 阿莉丝·斯密斯·罗素（伯特兰·罗素的第一个妻子）

Russell, Bertrand 伯特兰·罗素

ancestral pride 家族自豪感

apostles 追随者

appeasement of Hitler 对希特勒的绥靖政策

his children's upbringing 抚养孩子

Christianity 基督教

Communism 共产主义

divorces 离婚

First World War 第一次世界大战

imprisoned 囚禁

fear of madness 担心发疯

marriages 婚姻

Nobel Prize 诺贝尔奖

Order of Merit 荣誉勋章

Political career 政治生涯

rejected by New York City University 遭到纽约城市大学拒绝

Telegraph School 电报所学校

Soviet Union 苏联

Russell, Conrad 康拉德·罗素（伯特兰·罗素的第二个儿子）

Russell, Dora Black 道拉·勃拉克·罗素（伯特兰·罗素的第二任妻子）

Russell, Edith Finch 伊迪丝·芬奇·罗素（伯特兰·罗素的第四任妻子）

Russell, Frank 弗兰克·罗素（伯特兰·罗素的哥哥）

Russell, Kate 凯特·罗素（伯特兰·罗素的女儿）

Russell, Lady 罗素夫人（伯特兰·罗素的祖母）

Russell, Lucy 璐西·罗素（伯特兰·罗素的孙女）

Russell, Lord John 约翰·罗素伯爵（伯特兰·罗素的祖父）

Russell, John 约翰·罗素（伯特兰·罗素的长子）

Russell, Patricia Peter 派屈西亚·彼得·罗素（伯特兰·罗素的第三任妻子）

Russell, Rollo 若罗·罗素（伯特兰, 罗素的叔叔）

Russell, Sarah 萨拉·罗素（伯特兰. 罗素的孙女）

Russell, Susan Lindsay 苏珊·林塞·罗素（伯特兰. 罗素的儿媳）

Russell, Willy 威利·罗素（伯特兰·罗素的叔父）

'Russell - Einstein Manifesto'"罗素-爱因斯坦宣言"

'Russell's Paradox' "罗素悖论"

Ryle, Gilbert 吉尔伯特·赖尔

Sade, Marquis de 萨德侯爵

Saint Genet《圣热内》（萨特）

Saint-Lambert, Marquis de 圣朗贝尔男爵

Salis, Meta von 迈特·冯·萨利斯

Salome, Lou 卢·莎乐美

Santayana, George 乔治·桑塔耶纳

Sartre, Anne-Marie 安妮·玛丽·萨特（萨特的母亲）

Sartre, Jean-Paul 让·保罗·萨特

Algerian Civil War 阿尔及利亚内战

authority figures 权威

brutality in sex 性粗暴

castration fears 阉割焦虑

for-itself 自为

funeral 葬礼

in-itself 自在

Marxism 马克思主义

mauvaise foi 糟糕的忠诚/不诚

ménages à trios 三角关系

mescaline 致幻剂

rejection of Nobel Prize for Literature 拒绝诺贝尔文学奖

Soviet Communism 苏联共产主义

Soviet invasion of Czechoslovakia 苏联入侵捷克

Soviet invasion of Hungary 苏联入侵匈牙利

Vietnam War 越南战争

War Crimes Commission 战争犯罪委员会

Scaevola 斯凯沃拉

Schlick 石里克

Schoenberg 勋伯格

Schoenman, Ralph 拉尔夫·舒曼

Schopenhauer, Adele 阿黛尔·叔本华（亚瑟·叔本华的妹妹）

Schopenhauer, Arthur 阿瑟·叔本华

art 艺术

atheism 无神论

Buddhism 佛教

childhood neglect 缺少关爱的童年

grand tour 海外旅行

Lectures in Berlin 柏林演讲

money 金钱

music 音乐

paranoia 偏执狂

political views 政治观点

poodles 追随者

routine 例行公事

views on sex 性观点

views on suicide 自杀观点

views on women 女性观点

Schopenhauer as Educator《作为教育家的叔本华》（尼采）

Schopenhauer, Heinrich Floris 海因利希·叔本华（亚瑟·叔本华的父亲）

Schopenhauer, Johanna 约翰娜·叔本华（亚瑟·叔本华的母亲）

Schubert 舒伯特

Schweitzer, Albert 艾尔伯特·施韦策

Second Sex《第二性》（西蒙·波伏娃）

Sex and Character《性与性格》（华宁盖尔）

Shakespeare 莎士比亚

Shaw, George Bernard 乔治·伯纳德·萧

Shelley 雪莱

Skinner, Francis 弗朗西斯·斯金纳

Social Contract《社会契约论》（卢梭）

Socrates 苏格拉底

Spalding, Douglas 道格拉斯·斯波尔丁

Spengler 斯宾格勒

Spinoza 斯宾诺莎

Stalin, Josef 约瑟夫·斯大林

Stendhal 司汤达

Stonborough, Margaret 玛格丽特·斯特波夫（维特根斯坦的妹妹）

Strachey, Lytton 里顿·斯特拉奇

Strindberg 斯特林堡

Strauss 施特劳斯

Tagore 泰戈尔

Temps modernes《当代》（萨特主编）

Thus Spake Zarathustra《查拉图斯特拉如是说》（尼采）

Tillich, Paul 保罗·田里克

Tractatus Logico - Philosophicus《逻辑哲学论》（维特根斯坦）

Tristan and Isolde《特里斯坦与伊索尔德》（瓦格纳）

Turing, Alan 阿兰·图灵

Twilight of the Idols《偶像的黄昏》（弗里德里希·尼采）

Tolstoy 托尔斯泰

Untimely Meditations《不合时宜的思考》（尼采）

Upanishads《奥义书》

Vermeer 弗美尔

Vienna Circle 维也纳学派

Vindication of the Rights of Women《女性权利的辩白》（玛丽·沃尔斯考夫特）

Vinnalot, John 约翰·维纳罗特

Virgil 维吉尔

Voltaire 伏尔泰

Wagner, Cosima 科西玛·瓦格纳（瓦格纳的第二任妻子）
Wagner 瓦格纳
Wailing for Godot《等待戈多》（萨缪尔·贝克特）
Walpole, Horacc 霍勒斯·沃皮尔
Walter 华尔特
War Crimes Tribunal 国际战争罪行法庭
Warens, Madame de 华伦夫人
Watson 华生
Webb 韦伯
Weininger 华宁盖尔
Weil, Simone 西蒙娜·薇依
Whitehead 怀特海
Whitehead, Evelyn 埃芙琳·怀特海
Wieland, Christoph 克里斯托夫·维兰德
Wilde, Oscar 奥斯卡·王尔德
Will to Know《求知的意志》（福科）
Wittgenstein, Hans 汉斯·维特根斯坦（维特根斯坦的哥哥）
Wittgenstein, Hermine 赫米尼·维特根斯坦（维特根斯坦的姐姐）
Wittgenstein, Karl 卡尔·维特根斯坦（维特根斯坦的父亲）
Wittgenstein, Kurt 库特·维特根斯坦（维特根斯坦的哥哥）
Wittgenstein, Ludwig 路德维希·维特根斯坦

engineer 工程师

lifestyle 生活方式

personality cult 性格崇拜

religious feelings 宗教感情

school teacher 小学教师

suicidal thoughts 自杀思想

wealth 财富

Wittgenstein, Rudolf 鲁道夫·维特根斯坦（维特根斯坦的哥哥）

Wodehouse 沃登豪斯

Wolin, Richard 理查德·沃林

Wolff, Michael 迈克尔·沃尔夫

Wollstonecraft, Mary 玛丽·沃尔斯通克拉夫特

Wordsworth 华兹华斯

Worlds as Will and Representation 《作为表象和意志的世界》（叔本华）

Yeats 叶芝

Zamyatin 扎米亚京

Zeno of Citium 斯多噶学派的芝诺

译者的话

《别人的错都是我的错》为英国学者尼格尔·罗杰斯和麦尔·汤普森合著的一本书,介绍了现代世界思想史上有重大影响的八位哲学家。卢梭、叔本华、尼采、罗素、维特根斯坦、海德格尔、萨特和福科这些响当当的名字,相信即使是不了解哲学的人来说也是如雷贯耳的。

本书不是枯燥、深奥的哲学理论著作,而是对哲学家生平和思想的简单介绍,对广大读者来说的确是激发哲学兴趣、培养哲学素养的入门书。尤其值得一提的是,正如本书书名《别人的错都是我的错》所显示的,本书作者重点讨论的是这些大家出人意料的糟糕的行为、愚蠢的行为、荒唐的行为。读完该书读者可能会纳闷,这些真的是让我们敬仰的大师吗?我们该怎样看待哲学和哲学家呢?这正是本书留给读者思考的问题。

译者在翻译本书的过程中,遇到了很多的问题。首先是哲学概念,我基本上采用通行译法来处理,如"本体""现象""自在""自为"等。其次是专有名词问题,本书中出现的人名、地名、书名都采用通行的译法，并整理译名对照表附排在正文的后面，这样读者也可以发现文中的翻译是否符合规范。译者真诚地希望读者不吝指教。

本作品中文简体版权由湖南人民出版社所有。
未经许可，不得翻印。

图书在版编目（CIP）数据

别人的错都是我的错 /（英）尼格尔·罗杰斯（Nigel Rodgers），（英）麦尔·汤普森（Mel Thompson）著；吴万伟译. —长沙：湖南人民出版社，2020.9
ISBN 978-7-5561-2471-8

I. ①别… Ⅱ. ①尼… ②麦… ③吴… Ⅲ. ①哲学—通俗读物 Ⅳ. ①B-49

中国版本图书馆CIP数据核字（2020）第070589号
PHILOSOPHERS BEHAVING BADLY By NIGEL RODGERS & MEL THOMPSON
Copyright: ©NIGEL RODGERS & MEL THOMPSON
This edition arranged with PETER OWEN LTD
Through BIG APPLE AGENCY, INC., LABUAN, MALAYSIA.
Simplified Chinese edition copyright:
2020 Beijing Xinchang Cultural Media Co., Ltd.
All rights reserved.

BIEREN DE CUO DOUSHI WODE CUO

别人的错都是我的错

著　　者	［英］尼格尔·罗杰斯　麦尔·汤普森
译　　者	吴万伟
出版统筹	张宇霖
监　　制	陈实
产品经理	姚忠林
责任编辑	李思远　田野
责任校对	曾诗玉
封面插画	采云
封面设计	@MIimt_Design
出版发行	湖南人民出版社有限责任公司 [http://www.hnppp.com]
地　　址	长沙市营盘东路3号　410005
电　　话	0731-82683357
印　　刷	湖南凌宇纸品有限公司
版　　次	2020年9月第1版 2020年9月第1次印刷
开　　本	880mm×1230mm　1/32
印　　张	8.75
字　　数	189千字
书　　号	ISBN 978-7-5561-2471-8
定　　价	49.80元

营销电话：0731-82683348　（如发现印装质量问题请与出版社调换）